Zu diesem Buch

Respektlos, wenn auch mit in der Praxis erprobter Sachkenntnis, erklärt dieses Büchlein, ohne bierernst zu werden, so etwas Bedeutendes wie die Funktionsweise eines Autos. Das, was Männer augenscheinlich schon genetisch mitbekommen haben (?), nämlich ein gewisses Verständnis für technische Zusammenhänge rund um das Auto, wird hier auch *den* Frauen klargemacht, die

- ihr Auto nicht als Lebenszweck ansehen;
- sich etwas Spannenderes als Bedienungsanleitungen vorstellen können;
- in der Fahrstunde nicht immer hingehört haben;
- lieber mit dem Fahrrad fahren, aber auf das Auto noch nicht ganz verzichten können;
- immer gerne wissen, worum es geht;
- Pannen vermeiden, Geld sparen und sich an leichten Reparaturen selbst versuchen wollen

  und schließlich
- eingesehen haben, daß mangelnder Autoverstand kein Beweis für Weiblichkeit ist.

Männern könnt es auch was nützen!

Kristine Steinhilber, geboren 1945, und Cornelius Siegel, geboren 1944, unterrichteten nach dem Studium Technik an einer Gesamtschule. Vor zwei Jahren haben sie ihren Beruf an den Nagel gehängt und arbeiten seitdem frei an wechselnden Orten und Aufgaben. Die Kenntnisse auf dem Gebiet der Autotechnik stammen aus der Notwendigkeit, die eigenen, mehr oder weniger betagten fahrbaren Untersätze am Zusammenbruch zu hindern.

Birgit Rieger, geb. 1949, Studium in Bern und an der Hochschule der Künste Berlin. Arbeitet seit 1976 als freie Grafikerin und Illustratorin in Westberlin.

Kristine Steinhilber
Cornelius Siegel

Danke, ich schaff's alleine!

Das Autobuch für Frauen

rororo
Rowohlt

38.–42. Tausend September 1984

Originalausgabe
Veröffentlicht im Rowohlt Taschenbuch Verlag GmbH,
Reinbek bei Hamburg, Juni 1981
Umschlagentwurf Birgit Rieger
Zeichnungen im Text: Birgit Rieger und Cornelius Siegel
Redaktion Beate Menzel

Satz Times (Linotron 404)
Gesamtherstellung Clausen & Bosse, Leck
Printed in Germany
680-ISBN 3 499 17423 5

Inhalt

Wie dieses Buch entstand

Es ist eine lange Geschichte, von der ich ein bißchen erzählen will.
Nach vielen Jahren Frauengruppenerfahrung hatten wir Lust, mal etwas Praktisches zu machen. Wir wollten die spürbaren Veränderungen handgreiflich werden lassen und kamen auf die Idee, unseren gewachsenen Mut an der Gründung einer Frauen-Kfz-Werkstatt zu erproben. Die Idee lag nahe, da wir alle ständig Autos benutzten, mit der Autotechnik aber ganz schön auf Kriegsfuß standen; bei näherem Hinsehen konnte man durchaus von einem Gefühl der Feindschaft reden. Wir fühlten uns den Blechmonstern hilflos ausgeliefert; wenn irgend etwas nicht funktionierte, ärgerten wir uns über hohe Werkstattrechnungen, die oft nur auf Grund unserer Ahnungslosigkeit zustande kamen, und wunderten uns, weshalb es so schwerfiel, etwas dagegen zu unternehmen.
Wir fanden heraus, daß dieses Gefühl der Feindschaft weniger mit der konkreten Technik des Autos zu tun hatte, als vielmehr mit den Umständen, unter denen wir täglich mit diesem Bereich konfrontiert wurden. Wessen Neugierde technischen Dingen gegenüber von Anfang an abgewürgt wurde mit Sätzen wie «das ist zu kompliziert für dich» oder «Technik ist Männersache», der kann später nur mit großen Schwierigkeiten offen und neugierig auf diesen Bereich zugehen. Betroffen davon sind in erster Linie Frauen, denn Autohersteller, Konstrukteure, Mechaniker, Autoverkäufer, sie alle sind Männer, und man findet höchstens ab und zu mal eine einsame Tankwartin. Spätestens nach den ersten, oft hämisch kommentierten Mißerfolgen im Umgang mit der Autotechnik rastet dann das Gefühl ein «ich bin zu doof, ich kann das nicht, ich hasse es!» Dann ist es nur noch ein kleiner Schritt, dieses elende Gefühl auf das blöde Auto samt seiner verhexten Technik zu übertragen. Damit sind dann endgültig alle Lernmöglichkeiten verstopft.
Die Feindschaft, die wir diesen Dingen gegenüber empfinden, hat also durchaus Hand und Fuß, aber davor wegzulaufen nützt uns nichts, solange wir so viel damit zu tun haben.

Aus dieser Erkenntnis heraus waren wir wild entschlossen, dieses finstere Kapitel in Angriff zu nehmen. Der Optimismus ging manchmal so weit, daß einige von uns daran dachten, schnell viel übers Auto zu lernen, um dann mit der Arbeit in unserer Werkstatt sogar Geld verdienen zu können.

In Wirklichkeit aber haben wir uns ganz vorsichtig den Blechkisten genähert. Solange noch keine geeignete Werkstatt gefunden war, haben wir auf Parkplätzen Reifen und Glühbirnen gewechselt, Scheibenwischergummis erneuert und mal unter die Motorhaube gelinst, ob sich da nicht ein bekanntes Teil finden ließe.

Als das Werkstattproblem schließlich gelöst war und die Finanzierung der Miete durch die Beteiligung von 40 Frauen gesichert war, konnte es losgehen. Aber wie? Klar war, daß wir uns erst mal unsere eigenen Autos vorknöpfen und sie selbst in Schuß halten wollten. Dazu mußten wir herausfinden, was sich hinter den tausend Hebeln und seltsam geformten Metallteilen verbirgt. Doch keine von uns hatte Fachkenntnisse, und wir wollten möglichst ohne Experten auskommen. Wir wollten uns allein heranwagen mit Hilfe von Fachbüchern und der eigenen Anschauung am Objekt. Die Werkstattabende wurden in einen theoretischen und einen praktischen Teil getrennt, einerseits, um zu lernen, wie so ein Auto überhaupt funktioniert, und andererseits, um die anfallenden Reparaturen zu erledigen.

Diese Herangehensweise bewährte sich überhaupt nicht. Der theoretische Teil ging immer früher in ein gemütliches Geklöne über. Keine Frau hatte die Kapitel über Motor oder Elektrik – wie verabredet – zu Hause gelesen. Auf kleinere Reparaturen allerdings stürzten wir uns mit Begeisterung, lauter einfache Sachen, bei denen mit Sicherheit klar war, daß das Auto nach der Bastelei auch noch laufen würde. Trotz des großen Interesses, zu kapieren, wie ein Auto grundsätzlich funktioniert, kamen wir mit den Fachbüchern nicht zurecht. Für viele waren sie totales «Chinesisch» oder trocken und langweilig, gähn!

Außerdem läßt sich die für die Theorie notwendige Geduld ganz schlecht aufbringen, wenn man unter dem Druck steht, ein kaputtes Auto wieder in Gang zu setzen. Unsere Autos aber – alles ziemlich klapprige Exemplare – waren damals andauernd irgendwo kaputt.
Obwohl wir schon eine ganze Weile so vor uns hin gebastelt hatten, war die psychische Barriere, uns an eine Reparatur ranzutrauen, immer wieder riesengroß. Sie zu überwinden, gelang uns nur gemeinsam. Wir sprachen uns gegenseitig Mut zu, wenn eine umkippte und das Auto doch lieber in eine Werkstatt bringen wollte. Oder wir holten uns doch einen Fachmann, der die Reparatur mit uns zusammen machte und den wir gemeinsam in Schach halten konnten. Ein paar Frauen besorgten sich einen alten VW-Motor, zerlegten ihn in alle Einzelteile und lernten auf diese Weise, wie so ein Ding funktioniert.
Häufig war weniger die technische Seite schwierig als die handwerkliche: Werkzeug, das fehlte; verrostete Schrauben, die einfach nicht losgingen oder vermurkst wurden und dann endgültig festsaßen; Muttern, von denen niemand mehr wußte, wo sie hingehören; Kraft, die wir nicht hatten. Obwohl diese Widrigkeiten einen Teil unseres anfänglichen Schwungs aufzehrten, war das Ergebnis insgesamt ermutigend. Wir hatten gelernt, unsere Kräfte besser einzuschätzen, kleinere Reparatur- und Wartungsarbeiten auch als Erfolg zu erleben und beim erstbesten Mißerfolg nicht gleich den Schraubenschlüssel in die Ecke zu pfeffern. Außerdem merkten wir, daß sich unsere Erfahrung im Umgang mit der Autotechnik auch auf andere Situationen übertragen läßt; wir stehen nicht mehr staunend davor, sondern versuchen zu verstehen und uns selbst zu helfen.

Durch diese Erfolge kam ich auf die Idee, unser in der Werkstattpraxis gesammeltes Wissen in einem Buch an andere Frauen weiterzugeben. Da ich das meiste über Autos an meinem R4 gelernt habe, sollte es ein R4-Reparaturbuch werden. Meine eigene Praxis war zwar noch zu kurz für dieses Unternehmen, doch in gemeinsamer Arbeit mit meinem Freund, der sehr viel von Autos versteht, entstand schon bald das erste Kapitel über die Instandsetzung der Bremsen. Wir schickten das Kapitel an verschiedene Verlage, aber keiner wollte das Projekt finanzieren. Die Verhandlungen mit dem Rowohlt Taschenbuch Verlag schließlich hatten dieses Ergebnis:
ein Autobuch für Frauen, brauchbar für alle (Auto-)Typen.
Wenn manche Punkte so ausführlich geworden sind, daß deine Aufnahmefähigkeit bei den vielen Erklärungen und Details auf der Strecke bleibt, drückt dies einen Konflikt aus, in dem wir immer wieder steckten: Einerseits sind Bücher lästig, die lang und breit Einzelheiten erklären, wenn ein grober Überblick genügte. In anderen Situationen ist man aber durchaus neugierig auf alle Zusammenhänge und Hintergründe und ärgert sich, wenn das Buch darüber weghudelt.
Wir haben uns in dieser Zwickmühle eher zugunsten der Ausführlichkeit entschieden. In erster Linie geht es darum, alles das zu vermitteln, was dir den praktischen Umgang mit deinem Auto erleichtert. Dazu brauchst du allerdings auch einige theoretische Kenntnisse. Sonst bist du darauf angewiesen, den Ratschlägen blind und ohne eigene Kontrolle zu folgen, und genau das verstehen wir nicht unter Selbsthilfe. Darüber hinaus wäre dir eine solche Praxis stur nach Anweisungen sicher bald fad, so fad wie eine Theorie ohne hand-greifliche Konsequenzen. Erst die richtige Mischung von Theorie und Praxis macht Spaß, und es entsteht langsam die angenehme Gewißheit, dem Auto mit seinen Mucken immer einen Schritt voraus zu sein.
Auf keinen Fall soll die pingelige Genauigkeit an manchen Stellen den Eindruck erwecken, daß wir nach dem bißchen Kfz-Bastelei auf diese Technik abfahren. Ganz im Gegenteil: Wir sind froh, wenn wir möglichst viel mit dem Fahrrad erledigen können und betrachten Autos eher als notwendiges Übel. Sie verpesten die Luft, verbrauchen viel Energie, verstopfen die Straßen und sind obendrein gefährlich, also ein recht fragwürdiges Fortbewegungsmittel, das besser früher als später überflüssig werden sollte.
Aber noch sind viele weitgehend auf das Auto angewiesen, und so ist es besser, wenn auch wir Frauen damit klarkommen. Bei der nächstbesten Panne nicht mehr hilflos am Straßenrand zu stehen, weil du selber besser durchblickst, was mit deinem Auto sein könnte, das macht doch ein gutes Gefühl, oder?

Noch kurz zum Aufbau des Buches:
Im ersten und zweiten Kapitel geht es um die *grundsätzliche Funktion* der Teile eines Autos. Wenn du mal wissen willst, was der Zündschlüssel macht oder wie eine Verteilerkappe aussieht, mußt du hier nachlesen. Bei den Erklärungen zur Funktion stehen jeweils Hinweise, wie du die beschriebenen Teile in deinem eigenen Auto findest.
Es ist nützlich, wenn auch nicht unbedingt notwendig, diese Kapitel gelesen zu haben, bevor du dich mit den eher praktischen Abschnitten beschäftigst. Die Orientierung im Innern deines Autos wird dir wesentlich leichter fallen, sobald du das Chaos unter der Motorhaube in deinem Kopf geordnet hast.
Im dritten Kapitel erfährst du etwas über *Wartung* und *Pflege*, also über das, was du tun kannst, um deinem Auto zu einem langen und störungsfreien Leben zu verhelfen. Du vermeidest auf diese Weise und mit den Tips zum sparsamen Fahren einiges an Geldausgaben.
Falls du aber trotz aller Pflege eine *Panne* hast, ist im vierten Kapitel eine Art «Notausrüstung» beschrieben, um deine Kenntnisse an der Beseitigung von Fehlern zu versuchen. Dabei sind deine Hände und dein Verstand selbstverständlich viel wichtiger als unsere Diagnose vom fernen Schreibtisch aus.
Im fünften und sechsten Kapitel haben wir zusammengetragen, was wir über die unvermeidlichen Besuche bei *Werkstätten* und *TÜV* wissen.

Das siebente Kapitel soll dir die Entscheidung erleichtern, wenn du ein *gebrauchtes* Auto kaufen willst.
Lexikon und Stichwortverzeichnis schließlich sind als Wegweiser durch den Begriffsdschungel gedacht. Triffst du beim Lesen auf ein unverständliches Wort, besteht eine gute Chance, daß es im Lexikon erklärt ist.
Und nun viel Spaß!

Von Knöpfen, Hebeln und Schaltern 1

Wenn du den Führerschein ‹Klasse drei› hast, bist du berechtigt, ganz schön viele Autos zu fahren: klitzekleine FIAT-Fünfhunderts, LKW bis zu 7,5 Tonnen, wackelige CITROEN-Enten oder automatisch getriebene Luxuslimousinen, lauter sehr verschiedene Autos.

Die Behörden trauen dir das zu, weil alle Autotypen im Prinzip gleich funktionieren, obwohl sie sehr verschieden aussehen. Man geht davon aus, daß du dich schon zurechtfinden wirst. Da ist auch was Wahres dran. Alle Autos haben ein Lenkrad, Bremspedal, Gaspedal usw., und wenn du dich einmal mit diesen Dingen auskennst, wirst du auch in fremden Autos keine Überraschungen erleben, wenigstens solange nicht, wie in dem Gewurschtel unter der Motorhaube alles richtig funktioniert. Im Grunde aber ist auch dieses Gewurschtel so überschaubar wie das, was du vor dir hast, wenn du hinter dem Lenkrad sitzt.

Nicht Phantasielosigkeit, sondern technische Notwendigkeiten bringen die Autohersteller dazu, in ihre Autos immer wieder dasselbe einzubauen. Und wenn du weißt, was beim Aufleuchten eines Lämpchens passiert oder beim Tritt aufs Gaspedal, wird es dir nicht mehr wie Zauberei vorkommen, wenn irgendein Experte, dem du nach einer Panne dein Unglück beschreibst, mit einem Blick auf dein Auto sagt: «Aha, Keilriemen gerissen!» oder «Nicht so schlimm, das Vergasergestänge ist ausgehängt.»
Zu solchen Kenntnissen ist dieses Kapitel ein erster Schritt.
Also, was verbirgt sich hinter den Hebeln, Knöpfen, Lämpchen und Pedalen?

Zündschloß

Beim Drehen des *Zündschlüssels* wird allerei, vor allem Elektrisches, eingeschaltet, damit der Motor anspringen kann. Zuerst aber wird das *Lenkradschloß* entriegelt. Ein Bolzen, der quer durch die Lenksäule geht, wird herausgezogen. Du kannst das nicht sehen, aber merken, weil er manchmal klemmt, besonders, wenn die Räder schief stehen. Hin- und Herdrehen am Lenkrad hilft.
Dann wird die *Zündanlage* des Motors mit Strom versorgt, für ihn kann's jetzt losgehen, und am Armaturenbrett gehen Lämpchen an (Fahrstellung des Zündschlüssels). Eines zeigt, daß die *Lichtmaschine*, die bei laufendem Motor die elektrische Versorgung des Autos übernimmt, noch keinen Strom erzeugt. Dieses Lämpchen heißt *Ladekontrolle*. Ein anderes, vielleicht aber auch ein Zeigerinstrument, zeigt an, daß momentan noch kein *Öldruck* herrscht: erst wenn der Motor läuft, wird von einer eingebauten Pumpe Öl zu den beweglichen Teilen gedrückt, und das Lämpchen geht aus. Die Farbe und Lage der Anzeigen ist bei den Autotypen verschieden. Wo du sie findest, sagt die Betriebsanleitung deines Autos.
Bisher kommt aller Strom aus der *Batterie*, und für sie fängt die schwierigste ihrer Aufgaben an, wenn der Zündschlüssel zum Anlassen des Motors weitergedreht wird. Dann dreht ein kräftiger Elektromotor, der *Anlasser*, über ein Zahnrad den Motor und verbraucht dabei viel Strom. Sobald der Motor selbständig läuft, zeigt das Erlöschen der Lämpchen, daß jetzt die *Lichtmaschine* anfängt, Strom zu erzeugen, und daß die *Ölpumpe* ihre Arbeit ordnungsgemäß tut.
Der Zündschlüssel springt, wenn er losgelassen wird, in die Fahrstellung zurück, so daß der Anlasser nicht mehr mitgedreht wird. Er ist nur für kurzen Betrieb gemacht und würde zu langes oder schnelles Mitlaufen übelnehmen. Die meisten Zündschlösser verhindern darum auch ein erneutes Einschalten des Anlassers, solange der Motor läuft. Aus der Fahrstellung kann der Zündschlüssel nur einmal zum Anlassen weitergedreht werden.

Gaspedal

Die Kraftentfaltung des Motors wird mit dem Gaspedal gesteuert. Es wirkt auf ein Gerät, das *Vergaser* heißt. Durch den Vergaser saugt der Motor Luft, die er zum Verbrennen des Benzins braucht. Mit dem Gaspedal wird über ein Gestänge oder über Drahtzüge eine Klappe im Vergaser bewegt, die mehr Luft durchläßt, wenn das Gaspedal weiter durchgetreten ist. Dicht über der Klappe sitzt ein kleines Röhrchen, aus dem, ähnlich wie bei einem Parfümzerstäuber, vom Luftstrom Benzintröpfchen mitgerissen werden. Der Vergaser heißt also nur so, ist aber eher ein Zerstäuber. Der Motor kriegt, wenn er mehr Luft bekommt, auch mehr Benzin, immer im ungefähr richtigen Mischungsverhältnis, so daß beim Verbrennen weder Benzin noch Luft übrigbleibt.

Die Benzintröpfchen sollen vor allem im *Verbrennungsraum* – aber auch auf dem Weg dorthin – verdampfen, um sich als Benzindampf gut mit der Luft zu durchmischen. Nur so verbrennt das Ganze schnell genug.

Ausflug ins Detail: Bei der Verbrennung im Motor verbinden sich Benzinteilchen mit dem in der Luft enthaltenen Sauerstoff. Dabei entsteht Wärme. Das Benzin-Luft-Gemisch bleibt nur sehr kurz im Verbrennungsraum des Motors, ehe es ihn als Abgas durch den Auspuff wieder verläßt. Damit die Verbrennung schnell und vollständig stattfindet, müssen die Benzinteilchen voneinander getrennt sein (verdampfen) und in die Nähe von Sauerstoffteilchen gebracht werden (durchmischen).

Das klappt auch ganz gut, solange der Motor heiß ist. Ist er aber kalt, z. B. morgens beim Anlassen, vor allem im Winter, bleiben die Tröpfchen Tröpfchen, statt zu verdampfen. Viele werden vom Luftstrom nicht mitgenommen. Zum Verbrennungsraum kommt zu wenig Benzin, und der Motor springt nicht an. Für diesen Fall gibt es am Vergaser eine Starteinrichtung, die der Luft soviel mehr Benzin mitgibt, daß genug im Verbrennungsraum ankommt. Der Motor braucht auf diese Weise ungehörig viel Benzin und läuft etwas schwächlich, weil Benzin und Luft nicht richtig vermischt werden, aber immerhin, er läuft. Die Starteinrichtung wird entweder per Hand durch den *Chokeknopf* betätigt und bei erwärmtem Motor wieder abgestellt oder funktioniert automatisch.

Schaltknüppel & Kupplungspedal

Bisher bewegt der Motor nur sich selbst. Um das ganze Auto ans Rollen zu bringen, mußt du eine Verbindung zwischen Motor und Rädern herstellen. Du benutzt dazu den *Schaltknüppel*. Der bewegt etwas im Innern des *Getriebes*, eines Kastens, der ein ausgeklügeltes System von Zahnrädern, Wellen, Schaltklauen, Synchronringen und Kugellagern enthält.

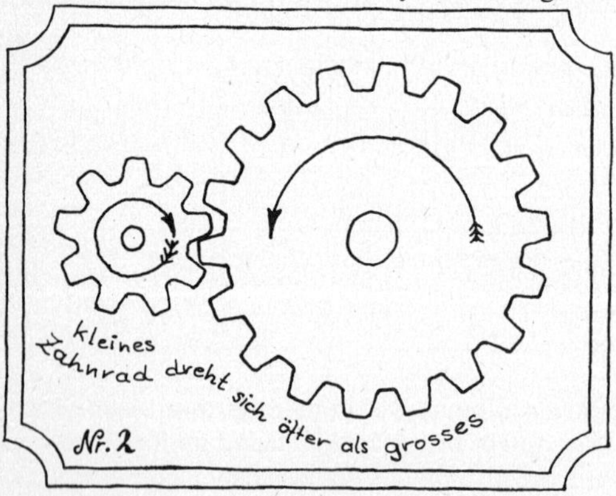

Das Prinzip aber ist einfach:
Ein kleines Zahnrad, das ein großes antreibt, dreht sich schneller als das große.

Das Getriebe bewirkt die Anpassung der *Drehzahlen* von Motor und Antriebsrädern. Der Motor nämlich kann weder beliebig langsam laufen noch beliebig schnell. Das Auto aber soll mit jeder Geschwindigkeit zwischen Stillstand und Höchstgeschwindigkeit fahren können. Im ersten Gang, beim Anfahren, soll sich das Auto langsam bewegen. Der Motor treibt ein kleines Zahnrad an, die Antriebsräder beziehen ihre Kraft von einem großen. Beim Schalten in den zweiten Gang rastet statt dieser beiden Zahnräder ein anderes Paar mit anderem Übersetzungsverhältnis ein usw., bis zum höchsten Gang für hohe Geschwindigkeiten.
Jetzt kommt es nur noch auf das richtige Zusammenspiel zwischen *Schalten* und *Kuppeln* an. Der Tritt auf das Kupplungspedal sorgt dafür, daß Motor und Getriebe *getrennt* werden, solange der Wechsel der Zahnräder stattfindet.
Wer sich an die scheußlichen Kratzgeräusche bei seinen ersten Schaltversuchen in der Fahrstunde erinnert, weiß, wie wichtig das richtige Zusammenspiel ist. Wenn das Kuppeln nicht klappt, rasten die beiden Zahnräder, die zusammen laufen sollen, nicht richtig ein und produzieren entsprechende Geräusche.

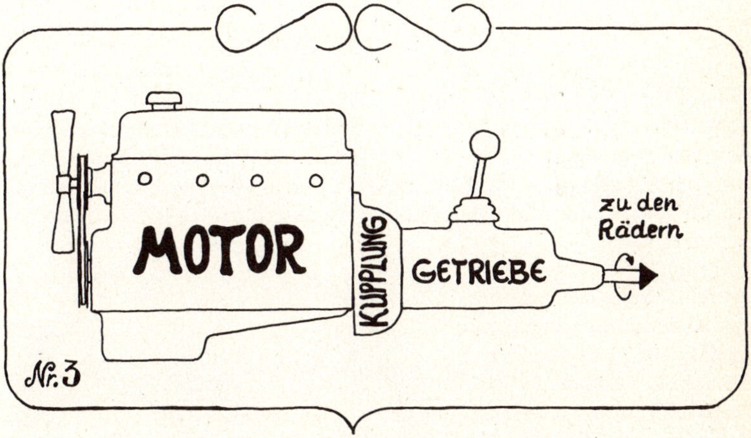

So sitzt alles zusammen

Auf der Zeichnung Nr. 3 ist die gewissermaßen gradlinigste Anordnung von Motor, Kupplung und Getriebe dargestellt. Genaueres dazu steht im zweiten Kapitel.

Lenkrad

Nun rollt die Kiste endlich, und es geht ans *Lenken*. Das Lenkrad ist von der Mittelstellung aus ungefähr eine ganze Umdrehung in beiden Richtungen drehbar. Die mit ihm verbundenen Vorderräder sind in ihrer Beweglichkeit wesentlich eingeschränkter. Um eine enge Kurve zu fahren, mußt du am Lenkrad mehrmals nachfassen, die Vorderräder aber können niemals das gleiche Gekurbele mitmachen. Dazwischen sitzt deshalb das *Lenkgetriebe*. Es übersetzt die lange aber recht schwache Bewegung des Lenkrads in eine kurze und starke für die Vorderräder. Dazu kommt, daß die Räder sich mit den Unebenheiten der Straße auf- und niederbewegen, während Lenkrad und Lenkgetriebe fest mit dem Auto verbunden sind. Zur Kopplung von Lenkgetriebe und Rädern dienen deshalb Stangen mit Gelenken an beiden Enden (Spurstangen). Sie gleichen die Federbewegung der Räder aus.
Durch listige Anordnung der Stangen wird außerdem erreicht, daß die Vorderräder beim Kurvenfahren *nicht* völlig *gleich* einschlagen. Da das kurvenäußere Rad einen größeren Kreis fahren muß als das innere, würden die Reifen schnell verschleißen, wenn dies unberücksichtigt bliebe.

Fuß- & Handbremse

Die Bremserei ist eine eindrucksvolle Angelegenheit. Wie eindrucksvoll, kannst du dir vorstellen, wenn du bedenkst, daß du das Hunderte von Kilo wiegende Auto durch den Druck eines Fußes auf das *Bremspedal* zum Stehen bringst. Es ist klar, daß eine enorme *Kraftverstärkung* stattfinden muß. Dafür ist die Anwendung von zwei Konstruktionsprinzipien verantwortlich.
Gebremst wird, indem die normalerweise leicht drehbaren Räder schwergängig gemacht werden. Am leichtesten zu durchschauen ist das beim Fahrrad, wo feststehende Gummiklötze gegen Felge oder Reifen gedrückt werden. Dabei verhindert die Anbringung der Gummiklötze, daß sie vom drehenden Rad mitgenommen werden.

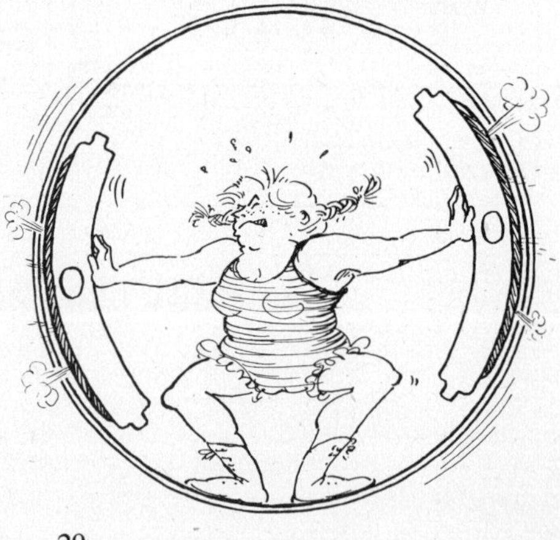

Autoräder tragen zum Bremsen eine mitdrehende Trom-

mel (*Trommelbremse*) oder Scheibe (*Scheibenbremse*), gegen die fest abgestützte *Bremsbacken* oder *Bremsklötze* gepreßt werden können, bei der Trommel von innen, bei der Scheibe von rechts und links. Ein *Bremsbelag* auf den Backen oder Klötzen, grundsätzlich ein Vielstoffgemisch, u. a. Asbest und Bindemittel, verhindert, daß Metall auf Metall schleift. Je stärker die Backen oder Klötze gegen die zugehörige Trommel oder Scheibe drücken, desto schwerer dreht sich das Rad, denn die Backen oder Klötze sind nur beweglich in Richtung auf Trommel oder Scheibe; mitdrehen können sie sich nicht. Das ist das erste Konstruktionsprinzip.

Das zweite Konstruktionsprinzip läßt das Problem, wie die Kraft von deinem Fuß zu den einzelnen Rädern kommt. Das geschieht mit Hilfe einer *Hydraulik*, ein imposanter Name für eine einfache Sache. Stell dir zwei Spritzen vor, wie Ärzte sie verwenden, eine große und eine kleine, die durch einen Schlauch verbunden sind. Beide Spritzen und der Schlauch sollen mit Flüssigkeit gefüllt sein. Im Auto ist das die *Bremsflüssigkeit*. Wenn du den Kolben der kleinen Spritze reindrückst, wird der Kolben bei der großen Spritze weniger weit, aber mit *mehr Kraft* nach außen gedrückt. Dabei ist es egal, in welchen Schnörkeln und Schleifen der Verbindungsschlauch liegt. Der kleinen Spritze entspricht beim Auto der *Hauptbremszylinder*, der so angebracht ist, daß sein Kolben beim Tritt auf das Bremspedal reingedrückt wird.

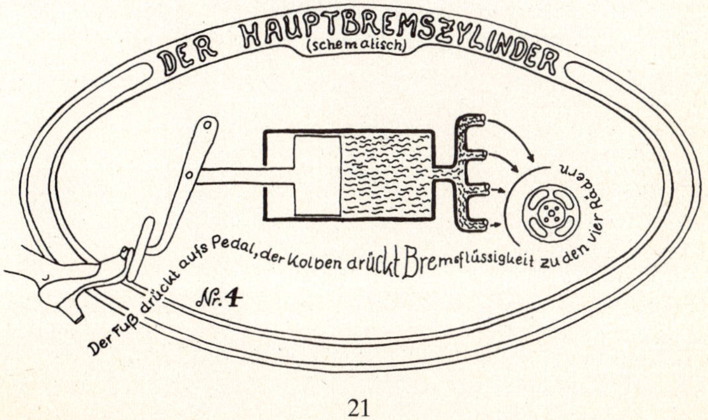

Auf diese Weise kommt der Druck deines Fußes vom Hauptbremszylinder über Bremsleitungen und Bremsschläuche zu den einzelnen Rädern. An jedem Rad sitzt ein *Radbremszylinder*, dem in unserem Beispiel die größere Spritze entspricht. Er drückt mit seinem Kolben auf die Backen oder Klötze, und zwar stärker als dein Fuß aufs Bremspedal.
Jetzt fehlt nur noch die *Handbremse*, und da kommt nichts Kompliziertes hinzu. Bei der Handbremse fällt die ganze «Spritzenapparatur» weg. Statt dessen übertragen Hebel und Seilzüge die Kraft vom Griff der Handbremse auf die Räder. Gebremst werden hier nur zwei Räder. Das sind meistens die Antriebsräder, z. B. beim OPEL-Kadett die Hinterräder, beim R4 die Vorderräder.
Wenn du jetzt die Nase noch nicht gestrichen voll hast von der Autotechnik, schaffst du bestimmt auch den Rest!

Who is who im Motorraum? 2

Bisher ging alles von den Dingen aus, an die du dich vom gemütlichen Lehnstuhl aus erinnern kannst, weil du sie beim Autofahren ständig vor dir hast. Bevor du dich auch unter der Motorhaube so gut auskennst, mußt du dich durch ein Stück trockener Theorie wühlen. Eine Weile wird dir alles ganz fremd vorkommen. Aber keine Sorge, es wird bald wieder anschaulicher. Du wirst nämlich vieles von dem Beschriebenen in deinem Auto wiederfinden, wenn du mit diesem Buch in der Hand unter die Motorhaube blickst. Mit der Zeit wird dir in dem Gewirr immer mehr Bekanntes begegnen.

Wie finde ich meinen Motor?

Hast du rausgefunden, ob dein Motor vorne oder hinten ins Auto gebaut ist, dann mußt du als erstes die Motorhaube öffnen. Das ist oft leichter gesagt als getan, und nur ein findiger Tankwart, der den ganzen Tag damit zu tun hat, wird es in jedem Fall auf Anhieb schaffen.

Liegt der Motor hinten, so sind kaum Schwierigkeiten beim Öffnen der Haube zu erwarten. Liegt er aber vorne, so sind drei Hürden zu nehmen:

1. Du mußt den Hebel oder Knopf im Fahrerraum finden, der eine Verriegelung löst und die Motorhaube erst mal nur ein Stück weit hochspringen läßt.
2. Geht die Haube nach vorne auf (von der Frontscheibe aus nach vorne), dann gibt es keine weitere Verriegelung. Geht sie aber nach hinten auf (von vorne in Richtung Frontscheibe), dann gibt es noch eine zweite Sperre, die du mit etwas Fummelei zwischen Motorhaube und Karosserie lösen kannst. Sinn dieser zusätzlichen Sperre ist es, dich davor zu bewahren, daß dir die Motorhaube eines Tages in voller Fahrt vor die Frontscheibe klappt, weil sie nicht richtig zugedrückt war.
3. Jetzt mußt du nur noch verhindern, daß dir die geöffnete Haube beim nächsten Windstoß in den Rücken fällt. Manche Hauben rasten in ihrer höchsten Stellung von selber ein, andere muß man mit einer Stange abstützen.

Nun hast du ihn vor dir, deinen *Motorraum*. Fast alles darin gehört zum Motor, aber der Motor selber ist nur ein Teil in dem Gewirr. Von ihm sehen kannst du das ca. 50 bis 70 Zentimeter lange Gehäuse, in dem das untergebracht ist, was sich beim Motor bewegt, nämlich Kolben, Ventile, Kurbelwelle und ähnlich mechanisches Zeug. Das auffälligste Merkmal der meisten Motoren ist, daß ihr Gehäuse am vorderen Ende einen *Ventilator* trägt. Findest du ein Flügelrad, so hast du mit ziemlicher Sicherheit die Vorderseite des Motorgehäuses entdeckt.

Form und Lage des Motors sind bei den verschiedenen Autotypen unterschiedlich. Du mußt bei der Suche nach dem Ding erst mal darauf gefaßt sein, daß der mehr oder weniger knubbelige Motor quer oder längs zur Fahrtrichtung eingebaut ist. Weil auch über ihm soviel Zubehör montiert ist, siehst du sein Gehäuse nur teilweise. Es gibt einige Autotypen, bei denen sogar das Ersatzrad über dem Motor verstaut ist!

Und noch etwas: Dein Motor und alle Teile, die zu ihm gehören, werden nur kurze Zeit so blitzblank aussehen, wie sie aus der Fabrik kamen. Jeder Motor muß mit *Öl* geschmiert werden, das bis in die kleinsten Ritzen kriecht. Dein Motor hat eine Menge solcher Ritzen, von denen manche nach außen führen. So ist es gar nicht verwunderlich, wenn durch sie auch ein wenig Öl nach außen kommt. Es vermischt sich dort mit dem Straßenstaub zu einer schwarzen Kruste, die bald dicker oder dünner alles bedeckt. Schädlich ist diese Kruste nicht, nur etwas hinderlich, wenn du im Motorraum einzelne Teile unterscheiden willst.

Zylinder & Kolben

Im ersten Kapitel war schon einmal kurz vom *Verbrennungsraum* die Rede. Mit ihm wollen wir uns jetzt genauer beschäftigen. Jeder Automotor hat mindestens zwei, meistens vier, manchmal auch sechs oder acht Verbrennungsräume, im allgemeinen eine gerade Anzahl. Auch ihre Lage zueinander ist unterschiedlich. Oft sitzen sie in einer Reihe hintereinander (*Reihenmotor*), seltener je zwei und zwei gegenüber (*Boxermotor* wie z. B. im VW-Käfer oder im Alfasud) oder auch schräg zueinander (*V-Motor*). Du wirst das besser verstehen, wenn du dich in diesem Kapitel bis zur Kurbelwelle vorgearbeitet hast. Hier nur soviel: Vor allem von der Anordnung der Verbrennungsräume hängt die äußere Form des jeweiligen Motors ab. Reihenmotoren sind lang und hoch, Boxermotoren breit und flach und V-Motoren oben breit und unten schmaler.

Die Verbrennungsräume eines Motors sind untereinander gleich, und da das, was für einen gilt auch für die anderen stimmt, fangen wir erst

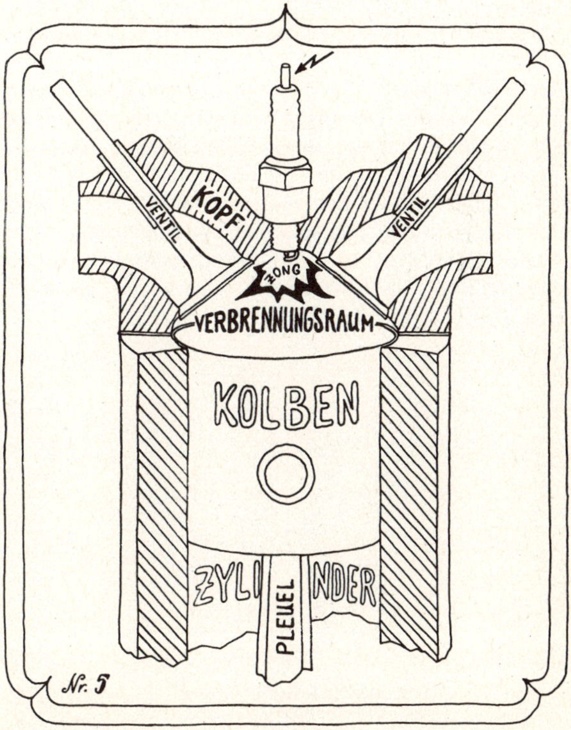

mal mit einem an. Fast alles, was mit dem Verbrennungsraum zu tun hat, spielt sich *innerhalb* des metallenen Motorgehäuses ab, so daß du kaum etwas davon sehen kannst. Schon geht's los mit der trockenen Theorie. Aber es gibt einen roten Faden, an dem du dich eine Zeitlang weiterhangeln kannst:

> Wie wird aus dem Verbrennen von Benzin eine Drehbewegung für die Räder?

Du kannst dir den Verbrennungsraum als niedrigen, kreisrunden, kleinen Raum vorstellen (siehe Zeichnung Nr. 5). In einem Automotor hat er selten einen Durchmesser von mehr als zehn Zentimetern. Die runde Wand wird durch den Zylinder gebildet, die Decke durch den *Zylinderkopf* und der Boden durch den *Kolben*. Der Kolben ist beweglich. Er paßt so genau in den Zylinder, daß er zwar luftdicht abschließt, aber auf- und abrutschen kann. Das Ganze ist aus Aluminium und Stahl und stabil gebaut, weil von hier die Kraft ausgeht, die das Auto vorwärts treibt.
Du siehst es auf der Zeichnung: Der Raum, der über dem Kolben bleibt, wenn er in seiner höchsten Stellung ist, heißt Verbrennungsraum. Der Weg, den der Kolben im Zylinder nach unten und auch wieder nach oben zurücklegen kann, wird *Hub* genannt, was mit ‹heben› zusammenhängt.

> Eine Unterbrechung, die Gelegenheit ist günstig, zu klären, was es mit dem *Hubraum* auf sich hat. Der Hubraum ist ein *Maß* für die Größe eines Motors. Gemessen wird in cm^3 oder in Litern (1 Liter = 1000 cm^3). Der Raum über dem Kolben ist klein, wenn er oben ist, und groß, wenn er unten ist. Die *Differenz* ist der Hubraum dieses Kolbens. Zählst du die einzelnen Hubräume zusammen, so viele, wie der Motor Zylinder hat, so erhältst du den Hubraum des Motors. Ein Maß für die Motor*stärke* ist das nur indirekt. Aus großen Hubräumen läßt sich viel Kraft holen. Aber wieviel genau, hängt von anderen Konstruktionsdetails ab.

Zurück zum Verbrennungsraum: Das Benzin-Luft-Gemisch wird im Verbrennungsraum über dem Kolben entzündet – in der Zeichnung heißt das ‹zong› –, übrigens von der *Zündkerze*, die in den Zylinderkopf eingeschraubt ist; aber dazu mehr auf Seite 33. Das Gemisch verbrennt explosionsartig und erhitzt sich dabei schnell und stark. Durch die Hitze dehnt es sich aus und drückt den Kolben nach unten. Was wir jetzt haben, ist ein Kolben, der unten im Zylinder sitzt, und ein Zylinder voller *Abgas* (verbranntes Gemisch). Das Verbrennen von Benzin hat eine geradlinige Bewegung des Kolbens von oben nach unten zur Folge das erste Stück des ‹roten Fadens›. Was mit dem Abgas passiert, soll uns vorerst nicht kümmern. Zunächst ist die Frage, wie aus der *gradlinigen* Bewegung eine *Dreh*bewegung wird.

Pleuel & Kurbelwelle

Als Gottlieb Daimler den ersten, schnellaufenden Automotor baute (1883–1885), war die Umwandlung der gradlinigen in eine drehende Bewegung schon kein Problem mehr. Seine Frau übrigens hat die erste längere Fahrt mit dem Vehikel gemacht; ihm selbst war es zu unsicher! Dampfmaschinen, bei denen das Hin und Her eines Kolbens in eine Drehbewegung umgesetzt wird, gab es schon lange. Der Gottlieb war Ingenieur und kannte so etwas. Dir wird als Beispiel vermutlich die Nähmaschine eher ein Begriff sein: das Handrad auf der rechten Seite dreht sich, die Nadel geht auf und ab. Das altbewährte Rezept für solche Fälle enthält die Zutaten *Kurbelwelle* und *Pleuel*.

Zwei Büroklammern, so umfunktioniert, wie die drei Zeichnungen es beschreiben, sollen dir helfen, das Zusammenspiel von Kurbelwelle und Pleuel zu verstehen. Am besten, du baust es nach und probierst aus, wie die Verbindung von Drehbewegung und Längsbewegung funktioniert.

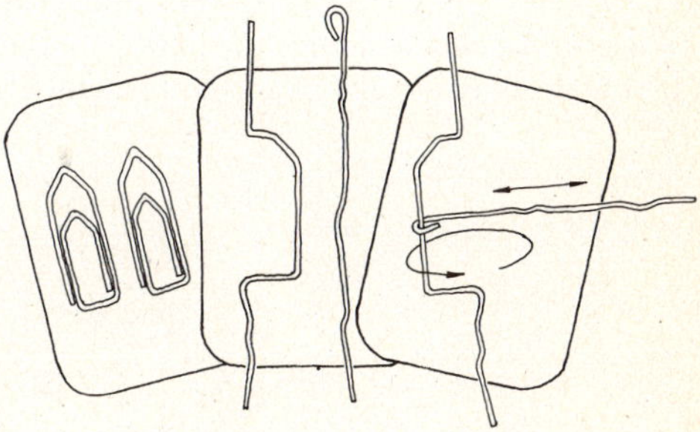

Die Kurbelwelle ist der Teil des Motors, der von den Kolben über die Pleuelstangen gedreht wird. An jeder ihrer Biegungen, Fachleute nennen das *Kröpfungen*, stellt ein Pleuel die Verbindung zu einem Kolben her, für jeden Zylinder des Motors einer. Jeder Pleuel hat an Kurbelwelle und Kolben ein Gelenk, um die unterschiedlichen Bewegungen auszugleichen.

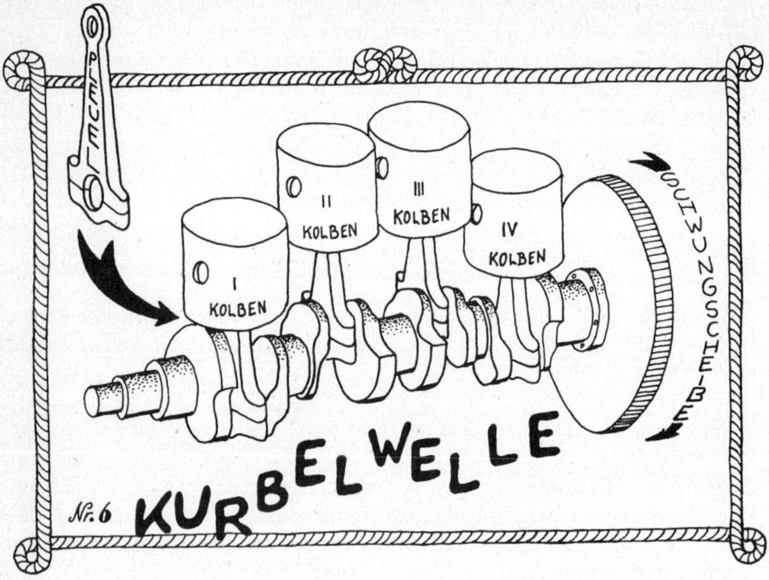

Diese Anordnung von Kurbelwelle, Pleuel und Kolben stammt aus einem Vierzylinder-Reihenmotor. Die kleine Skizze unten (Nr. 7) zeigt, wie das bei einem Vierzylinder-Boxermotor aussieht, z. B. bei einem VW-Käfer.

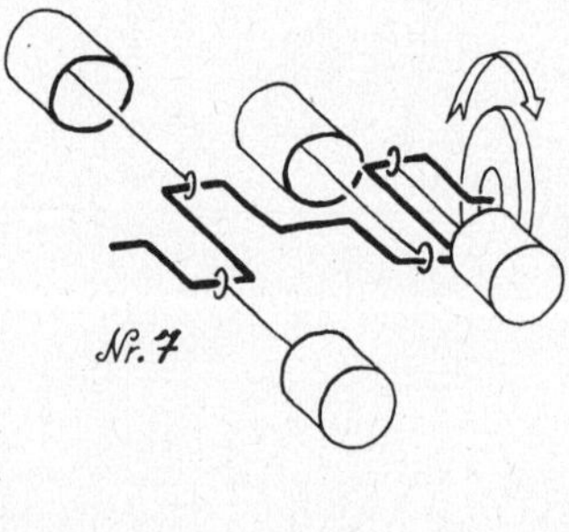

Nr. 7

Folgende Bewegung mußt du dir zur Zeichnung Nr. 6 vorstellen:
Über dem ersten Kolben ist gerade das Benzin-Luft-Gemisch gezündet worden, und er ist nach unten gesaust. Dadurch hat er, vermittelt über die Pleuelstange, die Kurbelwelle ein Stück weit rechtsrum gedreht. Jetzt erwischt es einen anderen Kolben, der grade oben ist, er flitzt nach unten und dreht dabei die Kurbelwelle wieder ein Stück weiter. Dann kommt der nächste Kolben usw. So wechseln die einzelnen Kolben sich beim Drehen der Kurbelwelle ab, und jede Verbrennung veranlaßt eine halbe Kurbelwellendrehung.
Es gibt aber immer eine Lage der Kurbelwelle, bei der zwei Kolben genau unten und zwei genau oben sind, so wie auf der Zeichnung Nr. 6. Aus dieser Lage können die Kolben die Kurbelwelle nicht ohne zusätzliche Kraft weiterdrehen. Du kennst die Situation bestimmt vom Fahrradfahren, wenn ein Pedal ganz unten und das andere oben steht: Anfahren, ohne extra Schwung zu nehmen, geht nur schwer. Aus diesem Grund gibt es an einem Ende der Kurbelwelle eine dicke, runde Eisenscheibe, die *Schwungscheibe*. Sie ist fest mit der Kurbelwelle verbunden, dreht sich mit und hilft mit ihrem Schwung über den toten Punkt hinweg.

Auspuffen

Die Kurbelwelle dreht sich nun, aus dem Verbrennen von Benzin ist eine Drehbewegung geworden, allerdings nur so lange, wie in den Verbrennungsräumen immer wieder frisches Gemisch zur Verfügung steht. Dazu muß zuerst das Abgas aus dem Zylinder befördert werden.

Hier kommt der bisher vernachlässigte *Zylinderkopf* ins Spiel, die Decke des Verbrennungsraums. Er hat zwei Öffnungen zum Verbrennungsraum, die eine bedeutende Rolle für die Vorbereitung jeder Verbrennung spielen. Die eine stellt zeitweise eine Verbindung zum *Auspuff* her, immer dann, wenn der Kolben nach einer Verbrennung wieder nach oben geschoben wird. Durch diese Öffnung treibt der Kolben das Abgas in ein Rohrgeschlängel. Es sammelt die Abgase aller Zylinder und heißt *Auspuffkrümmer*.

Wenn du den Auspuffkrümmer im Motorraum suchst, wirst du ihn ziemlich weit oben an der Längsseite des Motors finden. Er ist aus Eisen und etwas verrostet, falls dein Auto nicht nagelneu ist. Dadurch hat er eine rotbraune Farbe. Mit seinen vielen Enden ist er am Zylinderkopf festgeschraubt. Dessen Lage hast du damit auch gleich gefunden. Bei wassergekühlten Reihenmotoren besteht er für alle Zylinder aus einem Stück.

Der VW-Käfer hat einen Boxermotor und deswegen zwei etwas anders aussehende Auspuffkrümmer. Sie sind nur von unten sichtbar, rechts und links am Motor.
An ein Ende des Auspuffkrümmers ist der Auspuff geschraubt. Er besteht aus Rohren, die über einen oder zwei Schalldämpfer die Abgase nach hinten leiten. Die Schalldämpfer oder *Auspufftöpfe* sind dicke, run-

de oder ovale Blechgehäuse mit einer schallschluckenden Füllung. Sie sorgen dafür, daß das Getöse beim Ausstoß der Abgase auf ein erträgliches Maß verringert wird.

Ansaugen

So, wie die Kolben sich abwechseln beim Drehen der Kurbelwelle, so nutzt jeder die Kraft eines anderen beim Rausschieben der Abgase und auch beim folgenden: Sobald ein Kolben die Abgase losgeworden ist, wird seine Auspufföffnung geschlossen und die zweite Öffnung im Zylinderkopf, der *Ansaugkanal*, freigegeben. Durch ihn saugt der Kolben, während er nach unten geht, das frische Benzin-Luft-Gemisch in den Zylinder. Das Gemisch kommt vom Vergaser, wieder über ein Rohrgeschlängel, das *Ansaugkrümmer* heißt.

In der Form sind sich Ansaugkrümmer und Auspuffkrümmer ähnlich, nur daß der Ansaugkrümmer meistens aus Aluminium besteht und deshalb grau ist. Ob er an der gleichen Seite des Zylinderkopfes sitzt wie der Auspuffkrümmer oder an der gegenüberliegenden, hängt vom Autotyp ab. Auf das Ende des Ansaugkrümmers, an dem die einzelnen Rohre zusammenlaufen, ist der Vergaser geschraubt, der die Luft mit Benzin mischt. Die Luft wird vorher durch den *Luftfilter* geschleust, der Staub und Dreck von den Zylindern fernhält. Der Luftfilter ist entweder

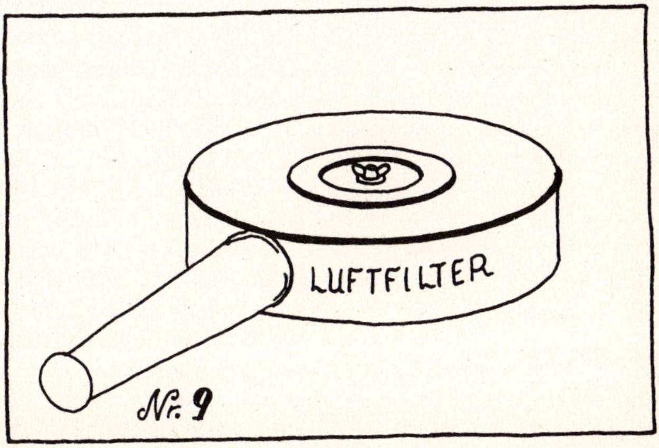

direkt auf den Vergaser gesteckt und oft so groß, daß der Vergaser darunter ganz verschwindet, oder aber er ist irgendwo an der Seite des Motorraums untergebracht, durch seine Größe kaum zu übersehen. Von ihm führt ein dickes Plastik- oder Gummirohr zum Vergaser. Sein Gehäuse besteht aus schwarzem Blech oder Kunststoff.

Der Kolben ist unten, nachdem er das Gemisch in den Zylinder gesaugt hat. Bevor es gezündet wird, muß der Ansaugkanal geschlossen und der Kolben wieder in seiner höchsten Stellung sein, sonst kann er nach der Zündung die Kurbelwelle nicht drehen. Bei seiner Aufwärtsbewegung drückt er das Gemisch im Verbrennungsraum zusammen, er verdichtet es und vergrößert damit den Druck, der beim Verbrennen entsteht. Entsprechend größer ist dann die Kraft, die er auf die Kurbelwelle ausübt.

Ventile

Die beiden Öffnungen im Zylinderkopf, der *Ansaugkanal* und der *Auspuffkanal*, können nicht dauernd offen sein, sonst würde z. B. der Verbrennungsdruck durch sie abhauen, statt den Kolben nach unten zu treiben. Die Öffnungen werden deshalb regelmäßig durch eine Art Deckel verschlossen, den man *Ventil* nennt (siehe Zeichnung Nr. 5, Seite 25). Wenn der Kolben das Gemisch ansaugt, ist das Ansaugventil offen, das Auspuffventil ist zu. Wenn die Abgase raus sollen, ist es grade umgekehrt, und *beide* Ventile sind geschlossen, wenn das Gemisch verdichtet wird und verbrennt. Zu jedem Kolben gehören zwei Ventile im Zylinderkopf, die je nach der Bewegung des Kolbens geöffnet oder geschlossen sind. Die Regelung dieser Angelegenheit übernimmt der Motor selber mit *Nockenwelle, Kipphebeln* und *Stößelstangen*, die zusammen *Ventilsteuerung* heißen. Du hast sicherlich schon einmal gehört, daß bei einem Auto die ‹Ventile eingestellt› wurden. Dabei wird die Ventilsteuerung so eingestellt, daß die Ventile sich möglichst weit öffnen, aber auch ganz schließen. Wie das im einzelnen aussieht, ist jedoch nur für gelernte Automechanikerinnen wichtig.

Du kannst in deinem Auto zwar nicht die Ventile finden, wohl aber den Deckel, unter dem sie, vor Staub und Dreck geschützt, sitzen. Er besteht oft aus lackiertem Blech, länglich, mit abgerundeten Ecken oder aus Aluminium. Die Farbe ist verschieden, aber sein Platz ist immer oben auf dem Zylinderkopf.

Für dich ist der Deckel wichtig, weil auf seiner Oberseite meistens die *Öleinfüllöffnung* ist. Hier wird das Motoröl beim Ölwechsel reingekippt oder nachgefüllt, wenn mal zu wenig im Motor ist. Mehr darüber im dritten Kapitel.

Zündanlage

Wenn der Kolben das Gemisch im Verbrennungsraum zusammengedrängt hat, sind wir dort, wo die Beschreibung der Vorgänge im Motor angefangen hat. Jetzt kommt der Moment, in dem die *Zündkerze* mit einem elektrischen Funken die Verbrennung in Gang setzt. Wenn das nicht klappt, tut sich im Motor gar nichts.
Zu jedem Zylinder gehört eine Zündkerze. Sie ist in den Zylinderkopf eingeschraubt und leitet die elektrische Spannung, die an ihrem unteren Ende den Zündfunken entstehen läßt, von außen in den Verbrennungsraum (siehe Zeichnung Nr. 5, Seite 25).

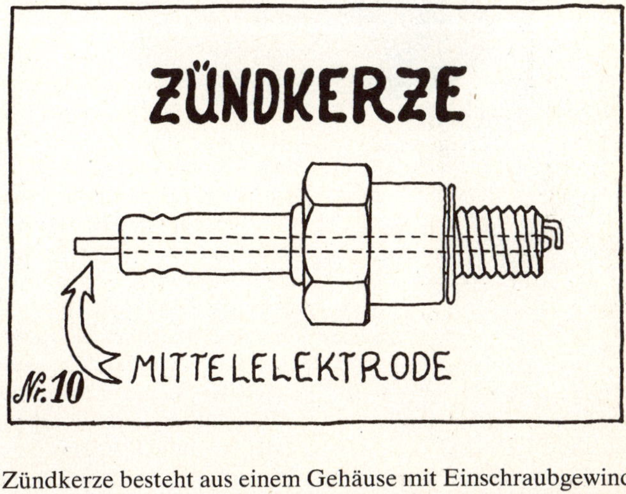

Eine Zündkerze besteht aus einem Gehäuse mit Einschraubgewinde, einem Isolierkörper aus Keramik und der Mittelelektrode, die für die Zündspannung die elektrische Verbindung nach außen herstellt.
Damit der Funken kräftig genug ist, das Gemisch zu entzünden, ist die Zündspannung sehr hoch; darum bestehen die bleistiftdicken *Zündkabel*, die zu den Kerzen führen, vor allem aus dicker Isolierung. Trotzdem solltest du sie und die anderen Teile der Zündanlage nicht bei laufendem Motor anfassen. Du kannst ganz schön eine gewischt kriegen.

Die Zündkabel kommen vom *Zündverteiler*. Er verteilt die Zündspannung an die Zündkerzen, je nachdem, welche grade mit dem Zünden dran ist.

Der Zündverteiler sitzt seitlich am Motorgehäuse und ist am besten an seiner Kappe zu erkennen. Dort sind die Zündkabel eingestöpselt. Du kannst die Zündkabel zu den Zündkerzen verfolgen und so feststellen, wie viele Zyiinder dein Motor hat und wie sie angeordnet sind. Die Verteilerkappe ist aus schwarzem oder braunem Kunststoff, manchmal durch eine größere Gummi- oder Plastikkappe verdeckt, die Feuchtigkeit und Staub fernhält. In jedem Fall ist sie der Ort, wo alle Zündkabel zusammenlaufen.

Wenn du nachzählst, wirst du feststellen, daß an der Verteilerkappe ein Kabel mehr sitzt, als Zündkerzen vorhanden sind. Die Zündspannung entsteht nicht im Verteiler, sondern wird durch dieses ‹überzählige› Kabel dorthin gebracht. Das Kabel kommt von der *Zündspule*.

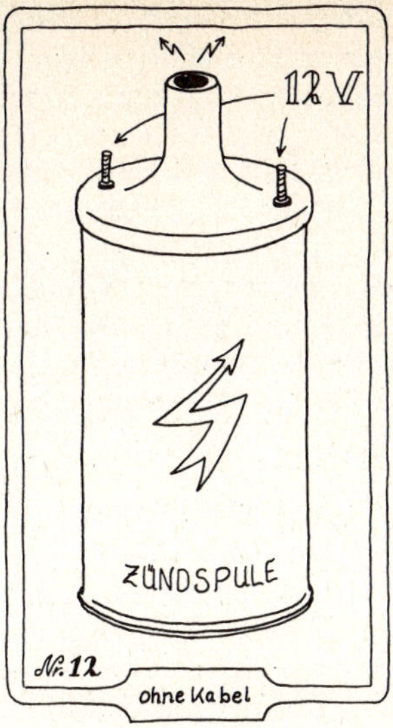

Du findest die Zündspule, wenn du dem ‹überzähligen› Kabel folgst, das aus der Mitte der Verteilerkappe kommt. Sie besteht aus einem Blechbecher mit einem schwarzen oder braunen Kunststoffdeckel. Im Innern ist auf einen Eisenkern eine Menge Draht gewickelt, darum heißt sie Spule. An ihrem Deckel sind außer dem dicken Zündkabel noch zwei dünnere Drähte befestigt. Eines davon bringt über das Zündschloß die Spannung von der Batterie (beim Starten) oder von der Lichtmaschine (bei laufendem Motor), das andere führt zum Verteiler.

Die Spannung, die die Batterie oder die Lichtmaschine liefert, reicht zwar aus, um Glühbirnen zum Leuchten zu bringen, um die Zündkerze zum «funken» zu bringen genügt sie nicht. Die Zündspule macht deshalb aus einer niedrigen Spannung (z. B. 12 Volt) für die kurze Zeit jeder Zündung eine hohe (ca. 20000 Volt).

Elektrische Spannung wird in ‹Volt› gemessen und ist ungefähr vergleichbar dem Druck in einer Wasserleitung. Solange sich das Wasser in einem waagerechten Rohr befindet, braucht der Druck nicht besonders hoch zu sein, damit es aus dem Rohrende fließt. Anders wird es, wenn das Wasser ohne Rohr weiterkommen soll, z. B. beim Rasensprengen. Je höher der Druck ist, desto weiter kannst du spritzen.
Was für das Wasser das Rohr ist, stellt für die Elektrizität der Draht dar. Auch in einer Glühbirne ist ein Draht, der glüht, sobald genug Strom durchfließt. Bei der Zündkerze aber muß der Strom über eine kleine Lücke springen. Das ist dann der Funken, und dazu braucht's die hohe Spannung.

Die niedrige Spannung erhält die Zündspule über einen 12-Volt-Anschluß vom Zündschloß. Der andere 12-Volt-Anschluß geht zum Verteiler. Dieser nämlich schickt die *Zündspannung* nicht nur zu den einzelnen Zündkerzen, sondern er bestimmt auch den *Moment*, in dem die Zündspule die Zündspannung erzeugt. Im Verteiler sitzt dazu ein kleines aber äußerst wichtiges Teil, der *Unterbrecherkontakt*.

Er öffnet und schließt den Stromkreis zwischen Batterie und Zündspule genau in dem Rhythmus, den der Motor für die Zündungen braucht, also jedesmal, wenn ein Kolben das Benzin-Luft-Gemisch im Verbrennungsraum verdichtet hat. Da er sich dabei abnutzt, muß er im Laufe eines Autolebens öfter eingestellt oder ausgewechselt werden.
Du siehst rechts auf der Zeichnung Nr. 13 die Zündanlage als Teil der Elektrik. Eine niedrige Spannung kommt vom Zündschloß, wird über die Zündspule zum Verteiler geleitet und dort vom Unterbrecherkontakt

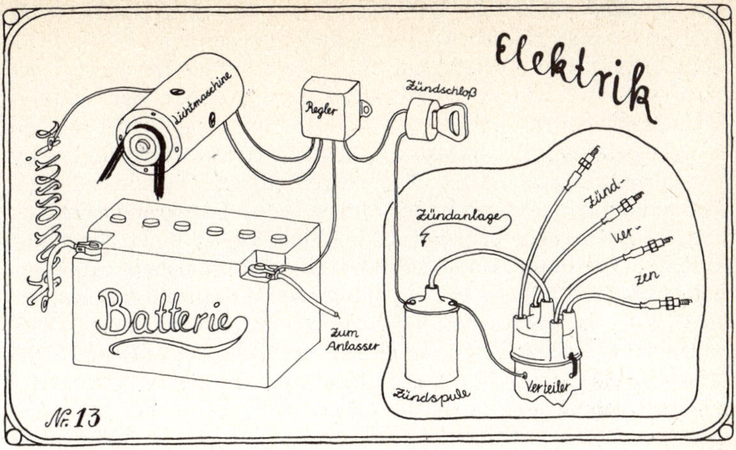

ein- und ausgeschaltet. Die hohe Spannung entsteht in der Zündspule, wird vom Verteiler zu der jeweils richtigen Zündkerze geschickt und macht dort Funken. Die Rückwege für die Elektrizität, die die beiden Stromkreise vervollständigen, haben keine eigenen Kabel. Sie gehen über das Metall von Motor und Karosserie und sind nicht eingezeichnet. Die mußt du dir denken.

Zahlenspielereien

Wie für alles haben die Techniker auch spezielle Namen für die Vorgänge, die sich im Motor abspielen. Sie haben die Bewegung von Kolben, Kurbelwelle, Ventilen und Zündanlage in *Takte* eingeteilt. Du kannst jetzt verstehen, was sie damit meinen:

1. Ansaugtakt: Das Einlaßventil ist geöffnet, der Kolben bewegt sich nach unten und saugt das Benzin-Luft-Gemisch in den Zylinder. Die Kurbelwelle macht dabei eine halbe Umdrehung und kriegt die Kraft hierfür vom Anlasser oder von einem Kolben, über dem gerade gezündet wurde.
2. Verdichtungstakt: Die beiden Ventile sind geschlossen, der Kolben bewegt sich nach oben und verdichtet das Gemisch im Verbrennungsraum. Die Kurbelwelle dreht sich wieder eine halbe Umdrehung, hat also inzwischen eine ganze hinter sich.
3. Arbeitstakt: Die Ventile sind noch geschlossen, die Zündanlage macht jetzt ihren Funken, das Gemisch verbrennt und treibt den Kolben nach unten. Mit diesem Takt hat unsere Beschreibung angefangen. Er ist der

einzige, der Kraft liefert. Die anderen Takte dienen dazu, diesen richtig vorzubereiten. (Kurbelwelle: 1½ Umdrehungen)

4. Auspufftakt: Das Auslaßventil ist geöffnet, der Kolben bewegt sich nach oben und schiebt das Abgas aus dem Zylinder. (Kurbelwelle: 2 Umdrehungen)

Und dann geht's wieder von vorne los. Diesen Viertaktrhythmus (darum Viertaktmotor) machen die Kolben mit verblüffender Geschwindigkeit, zwischen 500- und 3000mal in der Minute, je nachdem, wie schnell du fährst. In der Sekunde bedeutet das für jeden Kolben bis zu 60mal rauf und runter. Das untere Ende der Zündkerze erreicht dabei Temperaturen bis über 2000° C, und aus jedem Liter Benzin entsteht neben einem Liter Wasser, das den Auspuff als Dampf verläßt, Kohlenmonoxyd, Kohlendioxyd und eine kleine Menge giftiger Kohlenwasserstoffe und Stickstoffoxyde. Was wir auf 12 Seiten breitgewalzt haben, erledigt der Motor in einem Bruchteil der Zeit, die du zum Lesen brauchst. Aber dafür ist er gebaut.

Kühlsystem & Heizung

Du kannst dir vorstellen, daß eine Menge Wärme entsteht, wenn im Motor so oft Benzin verbrannt wird und das auch noch in mehreren Zylindern. Tatsächlich wandelt der Motor nur weniger als ein Viertel der Verbrennungswärme in Bewegung um. Der ganze Rest muß irgendwie an die Umgebung abgegeben werden, sonst wird es dem Motor zu heiß.

> Wer's genauer wissen will:
> Wie Speiseöl ist heißes Schmieröl dünnflüssiger als kaltes. Ein dünner Ölfilm trennt normalerweise die beweglichen Teile des Motors voneinander. Bei zu heißem Motor wird der Schmierfilm so dünn, daß Metall auf Metall zu reiben beginnt. Die Flächen fangen an zu klemmen und schleifen sich gegenseitig ab. Außerdem passen die Teile des Motors nur in einem bestimmten Temperaturbereich genau zueinander. Manche Teile sind aus Stahl, andere aus Aluminium und wieder andere aus Bronze. Die verschiedenen Metalle dehnen sich bei Wärme verschieden stark aus.

Eine Methode, die überschüssige Wärme loszuwerden, ist, an die Stellen des Motors Luft zu blasen, an denen er heiß wird, also an Zylinder und Zylinderkopf (Luftkühlung). Dazu ist ein Ventilator nötig und ein Blechgehäuse, das den Luftstrom vom Ventilator zu den Zylindern leitet. Die Zylinder haben auf der Außenseite Rippen. Die Rippen vergrößern die

Oberfläche, und so kann diese, ähnlich wie bei Zentralheizungskörpern, mehr Wärme an die Luft abgeben als ein glattes Zylinderäußeres.
Im Winter, wenn dir im Auto zu kalt wird und du die Heizung andrehst, wird ein Teil der jetzt aufgeheizten Kühlluft, eventuell nachdem sie außerdem über den heißen Auspuff geleitet wurde, ins Wageninnere geblasen. Auf diese Weise liefert der Motor außer der Antriebskraft auch die Heizungswärme. Er gibt mehr Wärme ab, wenn er belastet wird, und weniger, wenn du nur bergab rollst. Besonders bei luftgekühlten Autos älterer Baujahre, beim CITROEN 2CV oder beim VW-Käfer, wirst du den Temperaturunterschied zwischen belastetem und unbelastetem Motor merken, und es kann dir, trotz aufgedrehter Heizung, in einem frostigen Winter zu kalt werden.

Blickst du in den Motorraum eines VW-Käfers, so ist das Auffälligste ein großes, rundes Blechgehäuse auf dem Motor. Da drin sitzt der Ventilator für die *Luftkühlung*. Die Zylinder sind, wie bei allen luftgekühlten Motoren, von Luftleitblechen umgeben.
Eine Luftkühlung ist einfach herzustellen, aber sie ist laut. Der Lärm aus den Verbrennungsräumen dringt durch die recht dünnen Zylinderwände nach außen, und der Ventilator macht mit seiner Pusterei auch Krach.

Häufiger verwendet wird die *Wasserkühlung*. Sie ist weniger laut, dafür aber komplizierter. Die Zylinder eines wassergekühlten Motors haben doppelte Wände, eine innere für den Kolben, und eine äußere, die alle Zylinder gemeinsam umschließt. Dazwischen fließt *Kühlflüssigkeit* und transportiert die Wärme von den inneren Zylinderwänden weg. Durch einen dicken Gummischlauch kommt die Kühlflüssigkeit dann zum Oberteil des *Kühlers*. Der besteht aus dünnen, nebeneinanderstehenden Rohren, die das kastenförmige Ober- und Unterteil miteinander verbinden. In den Rohren fließt die aufgeheizte Kühlflüssigkeit; durch die Lücken zwischen den Rohren wird Luft geblasen, entweder vom Fahrtwind allein oder, wenn das nicht genügt, mit einem Ventilator. Der Luftstrom kühlt die Flüssigkeit wieder ab, und sie wird durch einen zweiten Gummischlauch unten am Kühler zurück zu den Zylindern geführt.

Der *Kühler* hat seinen Platz meistens ganz vorne im Motorraum, damit ihn der Fahrtwind gut erreicht. Er sieht aus wie ein hoher, flacher Kasten, schwarz, mit regelmäßigen Lamellen an Vorder- und Rückseite. Oben hat er einen Deckel zum Einfüllen der Kühlflüssigkeit. Was da eingefüllt wird, ist nur in Notfällen reines Wasser. Dem Wasser wird immer noch Frost- und Korrosionsschutzmittel beigemischt. Darum ist hier bisher etwas umständlich von ‹Kühlflüssigkeit› die Rede.

Der obere, dicke Gummischlauch, durch den die Kühlflüssigkeit den Motor verläßt, ist kaum zu übersehen; der untere für den Rückfluß dagegen ist eher versteckt. Direkt hinter dem Kühler sitzt der Ventilator, der dir bei der Motorsuche als Orientierungshilfe gedient hat.

Damit die Kühlflüssigkeit auch wirklich im Kreislauf durch Motor, Schläuche und Kühler fließt, wird sie von einer Wasserpumpe umgewälzt.

Die Wasserpumpe befindet sich vorne oben am Motor, wenigstens in den meisten Fällen, und steckt oft mit einem Ende im Motorgehäuse, so daß sie schlecht als selbständiges Teil zu unterscheiden ist. Was dann aus dem Motor heraussieht, ist ihr rundes *Lagergehäuse*. Von der Wasserpumpe geht der Schlauch aus, der die aufgeheizte Kühlflüssigkeit zum Kühler leitet. Sie hat meistens mit dem Ventilator eine gemeinsame Welle und wird mit ihm zusammen angetrieben.

Hier hat der *Keilriemen* seinen Platz und seine Aufgabe als Verbindung zwischen Motor und Zubehör: Ventilator, Wasserpumpe, Lichtmaschine – aber zu der kommen wir noch. Der Keilriemen besteht aus Gummi, damit er nicht rutscht, mit einer Einlage aus Kunstfasern, damit er sich nicht langzieht. Keilriemen heißt er wegen seines keilförmigen Querschnitts.

Der Lärm aus dem Zylinderinnern wird von den zwei Zylinderwänden und dem dazwischenliegenden Flüssigkeitsmantel viel stärker gedämpft als bei der Luftkühlung. Ein weiterer Vorteil der Wasserkühlung ist, daß Wasser mehr Wärme aufnehmen kann als Luft und so ein Wärmepolster bildet. Das trägt dazu bei, die Temperaturschwankungen für den Motor zu verringern.

An dem Aufrechterhalten der richtigen *Motortemperatur* ist noch eine Art Wasserhahn beteiligt, der *Thermostat*. Er wird durch die Wärme des Wassers auf- und zugemacht und sitzt zwischen Wasserpumpe und Kühler in dem oberen Schlauch, manchmal auch in einem kleinen Extragehäuse, das wie die Wasserpumpe an den Motor geschraubt ist. Dort versperrt er der Kühlflüssigkeit den Weg zum Kühler, solange sie kalt ist, und öffnet sich immer mehr, wenn sie vom Motor erwärmt wird. Je mehr Wärme der Motor erzeugt, desto mehr Kühlflüssigkeit kommt zum Kühler und desto mehr Wärme wird weggeschafft. Der Zweck des ganzen ist, daß der Motor nach dem Anlassen schnell seine Betriebstemperatur erreicht und dann auch bei Belastungsänderungen möglichst genau einhält.

Um das Wageninnere zu *heizen*, gehört zur Wasserkühlung der *Heizungskühler*. Er trägt diesen merkwürdigen Namen, weil auch er Wasser kühlt. Wenn die Heizung angedreht ist, fließt ein Teil des heißen Wassers durch den Heizungskühler. Die Luft um den Heizungskühler herum wird aufgewärmt und vom Fahrtwind oder einem kleinen Ventilator ins Auto geblasen. Sehen kannst du von den Teilen nichts, weil sie in Luftkanälen versteckt sind, die die Luft z. B. zu deinen Füßen oder gegen die Frontscheibe leiten.

Batterie & Lichtmaschine

Elektrizität hat für die meisten Leute etwas Mysteriöses. Kein Wunder, sie riecht nicht, schmeckt nicht, ist lautlos und unsichtbar und macht oft erst durch Abwesenheit auf sich aufmerksam. Es ist aber gut zu wissen, wo sie eigentlich herkommt. Im Auto geht so gut wie nichts ohne sie, vom Anlasser über Lichtanlage und Scheibenwischer bis zur Zündung.

Eine Stromquelle ist die *Batterie*. Ihre Hauptaufgabe ist es, dir das Ankurbeln des Motors von Hand zu ersparen, indem sie den Strom für den *Anlasser* liefert. Der Strom fließt über das dickste Kabel, das es im Auto gibt, zum Anlasser und von dort zurück über das Metall von Motor und

Karosserie zur Batterie. Sie ist mit einem ihrer beiden Pole, fast immer dem Minuspol, an die Karosserie angeschlossen. So spart man sich für jeden Stromverbraucher im Auto eine Leitung zurück zur Stromquelle, das Kabelgewirr vermindert sich beträchtlich.

Die Batterie ist, bis auf wenige Ausnahmen, im Motorraum in der Nähe des Motors untergebracht. Einige Batterien sind farbig, die meisten jedoch schwarz oder weißlich, etwa 25 cm lang, 15 cm breit und 20 cm hoch. Auf der Oberseite findest du die beiden Anschlußpole, runde Bleihökker, an die je ein dickes Kabel geklemmt ist, und in einer Reihe, meistens sechs mit Schraubdeckeln verschlossene Öffnungen (siehe Zeichnung Nr. 13, Seite 37).

Das hohle Innere der Batterie ist durch Zwischenwände in einzelne *Zellen* unterteilt. Zu jeder gehört einer der Deckel. Wenn du mal versucht hast, eine Autobatterie zu tragen, so wirst du festgestellt haben, daß sie furchtbar schwer ist. Das liegt an den Bleiplatten, die in jeder Zelle stekken. Außerdem enthalten die Zellen verdünnte Schwefelsäure, ein ausgesprochen aggressives Zeug. Kommt davon ein Spritzer auf deine Kleidung und du spülst sie nicht sofort und sehr ausgiebig, dann ist dort spätestens nach der nächsten Wäsche ein Loch.
Die Platten der Batterie reagieren chemisch mit der Schwefelsäure. Blei wird umgewandelt in Bleisulfat. Diese Reaktion findet *ständig* statt, allerdings nur in sehr geringem Maß. Stärker wird sie, wenn die Batterie Strom abgeben muß. Sie verläuft desto schneller, je mehr Strom verbraucht wird. Sind die Platten vollständig umgewandelt, ist die Batterie leer: keine chemische Reaktion – kein Strom. Gleichzeitig ist dann ein Teil der Säure chemisch in den Platten gebunden, so daß die übriggebliebene Flüssigkeit wäßriger und spezifisch leichter ist. Das spezifische Gewicht der Flüssigkeit ist ein Maß für den *Ladezustand* der Batterie.
Um eine Batterie zu laden, wird Strom hineingeschickt, und die gleichen chemischen Vorgänge wie beim Entladen spielen sich umgekehrt ab. Die Batterie sammelt elektrische Energie und heißt deshalb auch *Akkumulator* (= Sammler). Die Akkumulatorzellen sind in der Batterie zusammengefaßt, um die richtige Voltzahl für das Auto zu erreichen. Eine Zelle liefert 2 Volt und dementsprechend z. B. sechs Zellen 12 Volt.
Im Auto lädt die *Lichtmaschine* die Batterie, immer wenn der Motor läuft und versorgt dann auch die anderen Verbraucher mit Strom.

Den Keilriemen für Ventilator und Wasserpumpe vorne am Motor hast du ja schon gefunden. Entweder der gleiche Riemen oder einer direkt daneben treibt die Lichtmaschine an. Sie ist zylinderförmig, und es gehen Kabel von ihr aus. Wenn sie kürzer als dick und im wesentlichen aus Aluminium ist, dann hast du eine *Drehstrom*lichtmaschine. Ist sie aus Stahl und länger als dick, ist es eine *Gleichstrom*lichtmaschine. Beide tun das gleiche: An einem Ende wird gedreht, am anderen kommt Strom raus. Und beide enthalten Kohlen, zwei kleine schwarze Klötze, die sich abnützen und manchmal gewechselt werden müssen.

Die Lichtmaschine kann desto mehr Strom liefern, je schneller sie läuft. Im Leerlauf steht es grade auf der Kippe, ob die Batterie Strom abgibt oder die Lichtmaschine. Du kannst das an der Ladekontrolle am Armaturenbrett sehen. Sie leuchtet beim *Leerlauf* manchmal schwach auf. Bei höheren *Drehzahlen* steigt die Spannung, die die Lichtmaschine erzeugt, die Batterie nimmt Strom auf statt ihn abzugeben, und die Ladekontrolllampe geht aus. Die Spannung wird von einem *Regler*, der mit der Lichtmaschine zusammenarbeitet, bei einer maximalen Höhe begrenzt, damit Glühlampen und andere Verbraucher nicht durch Überspannung kaputtgehen.

Der Regler ist ein kleines schwarzes Kästchen. Da es in fast jedem Motorraum mehrere kleine schwarze Kästchen gibt, wird dir die Beschreibung seines Aussehens wenig nützen. Aber du kannst die Kabel von der Lichtmaschine verfolgen. Mindestens zwei davon führen unmittelbar zum Regler.

Einen Überblick über den bis hier beschriebenen Teil der Autoelektrik gibt dir die Zeichnung Nr. 13 auf Seite 37. Die Kabel sind dort einzeln gezeichnet. Im Auto sind sie gebündelt, in Kabel*bäumen* zusammengefaßt, soweit sie parallel laufen.
Die Stromverbraucher sind von vorne bis hinten über das ganze Auto verteilt. Es sind oft über 100 Meter Kabel nötig, um alle anzuschließen. Damit die Kabel bei einem Kurzschluß nicht verschmoren, sind die meisten mit einer Sicherung versehen. Die Sicherung ist die dünnste Stelle in

den Kabeln. Wenn sie durchbrennt, passiert nicht viel, und sie ist wesentlich leichter auszuwechseln als ein Kabel. Man muß natürlich vorher rauskriegen, warum sie durchgebrannt ist. Manchmal, besonders bei nachträglich eingebauten Kabeln, findet man sogenannte *fliegende* Sicherungen. Das sind einzelne Sicherungen in kleinen Plastikgehäusen, die ohne weitere Befestigung in das entsprechende Kabel eingefügt sind. Meistens

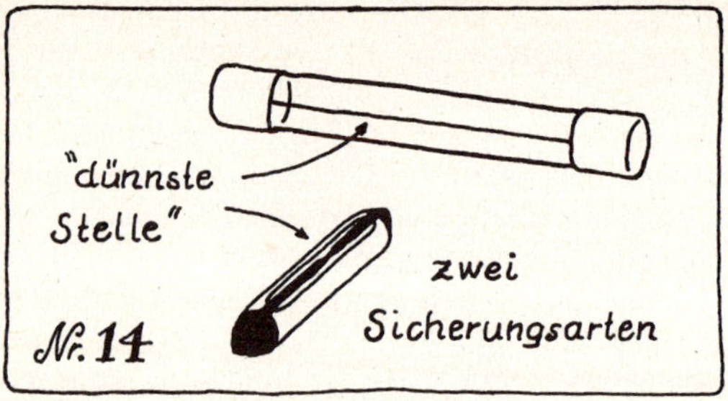

jedoch sind die Sicherungen im *Sicherungskasten* zusammengefaßt. Aber nicht für jedes Kabel eine, sonst würden es zu viele. Jede Sicherung ist für eine Gruppe von Kabeln verantwortlich.

Das Aussehen und die Lage des Sicherungskastens ist so unterschiedlich wie die Autotypen. Bei der Suche danach kann dir die Betriebsanleitung weiterhelfen. Die gibt oft auch Auskunft über die Zusammensetzung der gemeinsam abgesicherten Gruppen, sonst ist das bei den Sicherungen selbst vermerkt. Wenn nicht, kannst du das auch selber herausfinden, indem du die Sicherungen einzeln aus ihren Klemmen nimmst. Alles, was dann nicht mehr geht, gehört zu der weggenommenen Sicherung.

Andere Motoren

Die Gegend um den Motor ist jetzt leidlich abgegrast. Du weißt, wie er seine Kurbelwelle dreht, gekühlt wird und mit der Lichtmaschine Strom für seine Zündanlage und die anderen elektrischen Verbraucher im Auto erzeugt. Mit etwas Übung zeigt dir der Blick unter die Motorhaube: Das Chaos hat System, auch wenn die Lage einzelner Teile von dem, was wir als ‹Normalfall› beschrieben haben, abweichen sollte. So können sich die Konstrukteure einen anderen Platz für Kühler, Ventilator oder Wasserpumpe ausgesucht haben, oder dein Motor liegt so schräg im Motorraum, daß der Zylinderkopf eher seitlich als oben zu finden ist. Ganz sicher aber sitzt der Vergaser zwischen Luftfilter und Ansaugkrümmer und der Verteiler am Motorgehäuse. Von dort führen Kabel zu den Zündkerzen, und die sind in den Zylinderkopf eingeschraubt. Trotzdem kann es dir passieren, daß du einzelnes nicht entdeckst oder Teile findest, die bei dem von uns dargestellten Motor nicht vorkommen.

Wir wollen nicht verschweigen, daß dein eigener Motor anders konstruiert sein kann, wenn auch Viertakt-Reihenmotoren mit Vergaser und elektrischer Zündung bei weitem in der Mehrzahl sind.
Bei einer *Variante* ist der Vergaser durch eine *Einspritzanlage* ersetzt. Der Motor saugt statt Benzin-Luft-Gemisch nur Luft durch Filter und Ansaugkrümmer. Das Benzin wird in der richtigen Menge dicht vor dem Einlaßventil in den Luftstrom gespritzt. Die Benzinmenge läßt sich so genauer dosieren als beim Vergaser, und der Verbrauch ist etwas geringer. Du findest am Einspritzmotor außer den Zündkabeln noch dünne Benzinleitungen, die zum Zylinderkopf führen, und der Luftfilter mündet, ohne Vergaser dazwischen, unmittelbar in den Ansaugkrümmer.
Auch *Dieselmotoren* benutzen eine Einspritzanlage. Bloß wird Dieselöl (das ist so etwas Ähnliches wie Heizöl) direkt in den Verbrennungsraum oder eine kleine Kammer davor gespritzt. Hier findest du wie beim Einspritzmotor die dünnen Kraftstoffleitungen zu den Zylindern, aber keine

Zündanlage. Zum Anlassen werden die Verbrennungsräume elektrisch bis zu einer Temperatur vorgeheizt, bei der das Dieselöl von alleine zündet.
Ganz exotisch ist der *Wankelmotor*, genannt nach seinem Erfinder Felix Wankel. Er braucht zwar einen Vergaser und eine Zündanlage, aber damit hören die Gemeinsamkeiten mit üblichen Motoren fast schon auf. Sein Innenleben hat weder Ventile noch Kurbelwelle und Pleuel und dazu nur dem Namen nach Kolben und Zylinder. Die Teile sehen ganz anders aus als gewohnt und funktionieren auf Grund ihrer ausgeklügelten *Form*. Wir wollen dir nicht auch noch erklären, wie der Wankelmotor funktioniert. Soweit wir wissen, ist der RO 80 das einzige europäische Auto mit diesem Motor.

Hauptbremszylinder & Vorratsbehälter

Wie du aus dem ersten Kapitel weißt, bewegst du mit dem Bremspedal einen Kolben im *Hauptbremszylinder*. Den findest du daher auch immer in der Nähe des Bremspedals, vorne im Auto, egal wo dein Motor sitzt.

Er hat seinen Platz vor der Blechwand, die den Fußraum des Autos nach vorne begrenzt. Du wirst ihn am ehesten finden, wenn du zuerst nach dem Vorratsbehälter für die Bremsflüssigkeit Ausschau hältst, wo, das sagt dir die Betriebsanleitung. Er ist entweder direkt auf den Hauptbremszylinder geschraubt oder durch ein dünnes Rohr mit ihm verbunden. Der Hauptbremszylinder ist aus Eisen, rund und etwa vier Zentimeter dick. Manchmal ist er mit einem großen Blechtopf verschraubt. Dann hast du einen *Bremskraftverstärker*.

Auch wenn die Bremsanlage völlig in Ordnung ist, geht durch winzige Undichtigkeiten und den hohen Druck beim Bremsen etwas Bremsflüssigkeit verloren. Der Verlust wird ausgeglichen, sowie du den Fuß vom Bremspedal genommen hast. Was dann an Bremsflüssigkeit nicht mehr aus dem Bremssystem in den Hauptbremszylinder zurückströmt, wird aus dem Vorratsbehälter ergänzt. Der Verlust ist normalerweise so gering, daß du ihn kaum bemerkst, auch wenn du den Flüssigkeitsstand im Vorratsbehälter regelmäßig kontrollierst.

Kupplung, Getriebe & Differential

Diese drei Teile gehören, wie der Motor, zum *Antrieb* jedes Autos. Sie bringen die Kraft des Motors zu den Antriebsrädern. Einen ersten, groben Überblick geben die Zeichnungen Nr. 15a bis c. Sie stellen die drei üblichen Anordnungen der Antriebsteile dar.

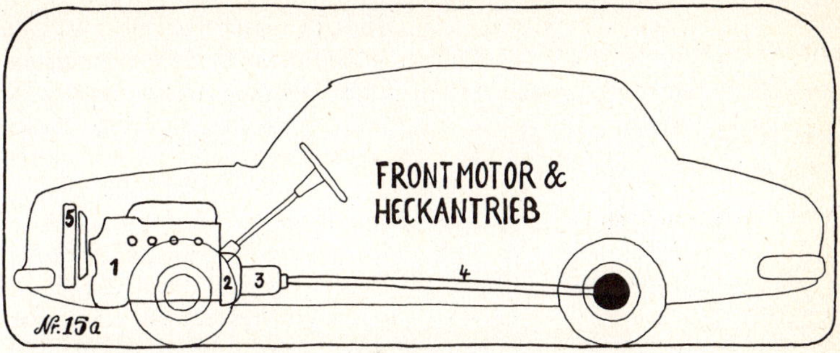

Nr. 15a

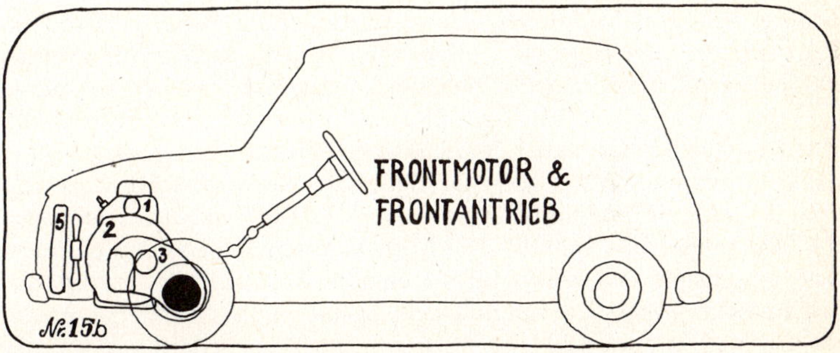

Nr. 15b

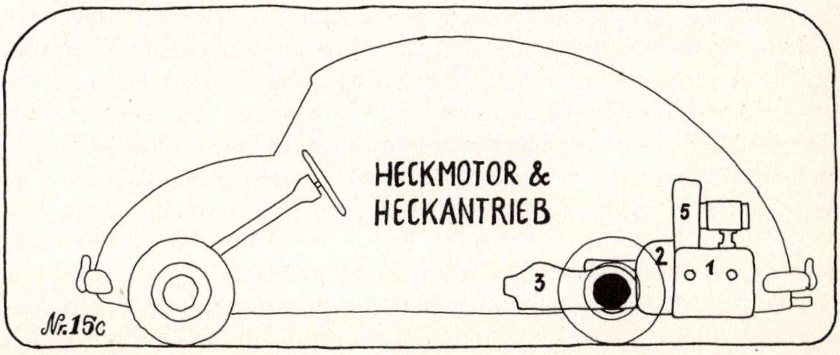

Nr. 15c

Dabei bedeutet 1: Motor, 2: Kupplung, 3: Getriebe, 4: Kardanwelle und der schwarze Kreis den Ort des Differentials. Zur Orientierung ist 5: die Kühlung eingezeichnet.
Als erstes folgt auf den Motor die *Kupplung*. Sie hat ihren Platz zwischen Motor und Getriebe und überträgt die Drehung der Kurbelwelle auf das *Getriebe*, solange du nicht auf das Kupplungspedal trittst. Die auf dem Ende der Kurbelwelle befestigte *Schwungscheibe* ragt aus dem Motorgehäuse heraus und ist Teil der Kupplung.

Die Schwungscheibe selber wirst du im Motorraum vergeblich suchen. Über sie ist das *Kupplungsgehäuse* gestülpt. Es sieht aus wie eine flache, waagerecht liegende Glocke und ist mit der größeren Seite an ein Schmalende des Motors geschraubt. Versteifungsrippen auf seiner Außenseite machen die glockenähnliche Form oft schwer erkennbar. Aber du kannst es eigentlich nicht verfehlen, wenn du auch auf der anderen Schmalseite des Motors nachsiehst und dort nichts Ähnliches ist. Ein anderer Weg zum Kupplungsgehäuse führt über den Anlasser. Er ist am Kupplungsgehäuse befestigt, zylindrisch und liegt parallel zum Motor. Du findest ihn, wenn du dem dicken Pluskabel von der Batterie aus folgst.

Zur Kupplung gehört außer der Schwungscheibe die *Mitnehmerscheibe*, die ihrerseits auf einer Welle des Getriebes sitzt. Sie wird beim Einkuppeln vom dritten Teil der Kupplung, der *Andruckplatte*, mit Federkraft gegen die Schwungscheibe gepreßt. Die Mitnehmerscheibe ist dann zwischen Schwungscheibe und Andruckplatte eingeklemmt und wird mitgedreht. Die Federkraft spürst du, wenn du zum Auskuppeln auf das Kupplungspedal trittst. Die Andruckplatte wird entgegen dem Federdruck von der Schwungscheibe entfernt, die Mitnehmerscheibe ist frei, und die Verbindung zwischen Motor und Getriebe gelöst. Bei den weichen Übergängen *schleifen* die Scheiben aufeinander. Die Mitnehmerscheibe nutzt sich dabei ab; sie wird dünner und muß ab und zu neu eingestellt oder ausgewechselt werden. Du kannst das Leben deiner Mitnehmerscheibe etwas verlängern, wenn du die Kupplung immer nur möglichst kurz schleifen läßt.
Falls dein Auto mit den *hinteren* Rädern angetrieben wird, hat dich die Suche nach dem Kupplungsgehäuse wohl schon halb unter den Wagenboden geführt. Auch das Getriebe an der kleineren Seite der Kupplungsglocke wirst du eher dort als im Motorraum finden.
Der Aufbau des *Getriebes* kann technisch unerhört kompliziert sein, damit der Gangwechsel schnell und glatt stattfinden kann, und wir wollen

das auch nicht zu ausführlich erklären. Du kannst es dir etwa so vorstellen: Im Getriebe sind zwei parallele Wellen. Eine kommt von der Kupplung, die andere führt zu den Antriebsrädern. Auf beiden Wellen sitzen *Zahnräder* einander so gegenüber, daß für jeden Gang ein *Paar* entsteht (siehe Zeichnung Nr. 2, Seite 18). Für den ersten Gang ist das Zahnrad auf der Welle, die von der Kupplung kommt, klein, das zugehörige auf der anderen Welle groß. Beim Paar für den zweiten Gang ist das erste Zahnrad etwas größer, das zweite kleiner als das des ersten Ganges usw. Die Zahnräder jedes Paares greifen ständig ineinander, aber die Verbindung zu der Welle, auf der sie sitzen, wird beim Gangwechsel gelöst oder hergestellt, je nachdem, welches Paar den Antrieb für den entsprechenden Gang übernehmen soll. Das kratzende Geräusch beim falschen Schalten wird von den Getriebeteilen erzeugt, die die Verbindung zwischen Welle und Zahnrad herstellen.
Sind Motor, Kupplung und Getriebe *vorne* im Auto, die Antriebsräder aber *hinten*, so folgt auf das Getriebe die *Kardanwelle*. Sie überträgt die Drehung vom Ausgang des Getriebes auf die Hinterachse. Ein gewisser Geronimo Cardano machte im 16. Jahrhundert die Erfindung, der heute die Gelenke dieser Welle ihren Namen verdanken. Ihre Aufgabe besteht darin, die Bewegungen der federnden Hinterachse gegenüber dem festen Getriebe auszugleichen.
Da die Kardanwelle *längs* unter dem Auto liegt, die *Hinterachse* aber *quer* dazu, muß die Drehbewegung umgelenkt werden. Das geschieht mit Zahnrädern in einer Verdickung etwa in der Mitte der Hinterachse, dort, wo die Kardanwelle endet.
In dieser Verdickung befindet sich außerdem das *Differential*. Es löst folgendes Problem: Wenn du mit deinem Auto eine Kurve fährst, so hat das kurven*äußere* Rad eine längere Strecke zurückzulegen als das *innere* und dreht sich dabei öfter. Den Unterschied gleicht das Differential (oder Ausgleichsgetriebe) aus.
Es hat aber auch eine unangenehme Nebenwirkung. Ein Auto rührt sich nicht von der Stelle, wenn nur *eins* der angetriebenen Räder rutscht. Traktoren und Geländewagen haben für solche Situationen eine Differentialsperre, mit der das Differential blockiert werden kann, damit trotz Rutschens beide Räder angetrieben werden. Normale Autos haben so was nicht.
Du hast dich bestimmt schon mal gewundert, daß du z. B. bei Schneeglätte am Berg nicht anfahren kannst, obwohl nur die rechten Räder auf dem Schnee stehen, die linken dagegen auf trockener, schneefreier Spur. Ein Rad rutscht, das andere denkt nicht daran, sich zu drehen, und du kommst nicht vom Fleck. Manchmal hilft es, in dieser Situation die Handbremse leicht anzuziehen, damit das rutschende Rad etwas schwergängiger wird. Wir hoffen, du willst nicht genau wissen, warum das so ist. Selbst

mit einem auseinandergenommenen Differential als Anschauungsmaterial kann es leicht Stunden kosten, das zu erklären!

Reifen, Bremsen & Radaufhängung

Falls du noch im Motorraum oder unter dem Auto steckst, kannst du jetzt wieder hervorkommen. Reifen und Räder lassen sich bequemer besichtigen.
Das Material für die Reifen besteht in der Hauptsache aus einer Mischung von Gummi und Ruß, daher die schwarze Farbe. Sie erhalten ihre Tragfähigkeit durch hineingepumpte Luft. Der eigentliche Luftbehälter ist meistens ein Schlauch im Reifen wie beim Fahrrad. Es gibt aber auch Reifen, die ohne Schlauch dicht sind. Diese *schlauchlosen* Reifen sind leichter zu montieren, weil kein Schlauch hineingestopft werden muß, und haben den Vorteil, daß sie seltener ihre Luft auf einen Schlag verlieren.
In das Reifengummi sind Lagen aus Textil- oder Stahldrahtgewebe (Karkasse) eingebettet. Darum blähen sie sich nicht auf wie ein Luftballon, sondern klemmen auf dem Rad so fest, daß sie die verschiedenen Beanspruchungen beim Fahren aushalten, ohne abzurutschen. Sie müssen dazu in Breite und Durchmesser genau zu ihrer *Felge* passen, dem äußeren breiten Rand des Rades. Deshalb sind in die Seite der Reifen Zahlen und Buchstaben eingeprägt, die die Größenangaben enthalten. Außerdem sagt diese Kennzeichnung noch Näheres aus über Herkunft, Baumuster, Festigkeit und Höchstgeschwindigkeit. Aber die Bezeichnung ist ein rechtes Durcheinander, weniger durch Logik als durch Tradition bestimmt. Die genauen Kenntnisse braucht höchstens der Händler, bei dem du deine Reifen kaufst.
Spätestens beim Reifenkauf wirst du erfahren, daß es zwei grundsätzlich verschiedene Reifenarten gibt, nämlich *Gürtel-* und *Diagonalreifen*. Der Unterschied liegt in der Richtung, in der die Fäden der Gewebeeinlage zur Lauffläche liegen. Bei Gürtelreifen liegen sie längs wie ein Gürtel um den ganzen Umfang des Reifens unter der Lauffläche, bei Diagonalreifen schräg. Das führt dazu, daß Gürtelreifen eine im Vergleich etwas steifere Laufsohle und weichere Flanken haben. Sie rollen dadurch leichter (Benzinverbrauch), haben bessere Hafteigenschaften (Wintertauglichkeit) und halten länger, sind aber auch etwas teurer.
Worauf du öfter mal achten solltest: die *Profiltiefe* deiner Reifen. In die Lauffläche sind *Rillen* eingeschnitten, die vor allem dafür sorgen, daß sich kein Wasser zwischen Lauffläche und Fahrbahn drängt. Vielleicht kennst du das: Du brezelst bei Regen über die Autobahn. Plötzlich verändert sich das Fahrgeräusch, das Auto wird gebremst, der Motor heult auf, und die Lenkung ist ungewöhnlich leichtgängig. Du bist in eine Wasserlache

gefahren, die Profilrillen reichen nicht aus, das Wasser abzuleiten, und die Reifen ‹schwimmen›. Dieses Dilemma nennt sich *Aquaplaning*. Je geringer die Tiefe der Profilrillen ist, desto leichter passiert das. Das Wasser braucht dazu auf der Fahrbahn nicht höher als zwei Millimeter zu stehen. Was du tun kannst, ist: nicht bremsen, vorsichtig Gas wegnehmen oder auskuppeln, Lenkung gradeaus halten und hoffen, daß es schnell vorbei ist. Lenkversuche haben nämlich, solange die Reifen schwimmen, keinen, sobald der Untergrund aber wieder griffig ist, einen unangenehm überraschenden Effekt.
Die Räder sind mit drei bis fünf dicken Schrauben oder Bolzen und Muttern drehbar am Auto angebracht. Der Teil, der sich da dreht, heißt *Radnabe*. Die Naben laufen auf *Kugel-* oder *Rollenlagern*. Statt Kugeln enthalten diese kegelförmige Rollen. An den Radnaben sind meistens auch die Bremstrommeln oder Bremsscheiben befestigt.

Ob du *Trommel-* oder *Scheibenbremsen* hast, kannst du an den Vorderrädern leicht feststellen. Am besten drehst du die Lenkung ganz nach einer Seite, um hinter das Rad sehen zu können. Wenn du dort etwas glänzen siehst, dann ist das die vom Bremsen blankgeriebene Scheibe. Findest du ein eher breites, rundes Teil, das etwas rostig aussieht, so ist das die Bremstrommel, nicht glänzend, weil die Bremsbacken innen schleifen.

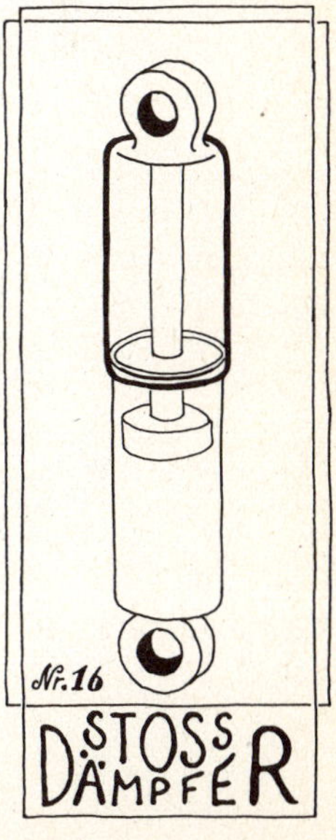

An der Innenseite der Räder enden auch die schwarzen, etwa kleinfingerdicken *Bremsschläuche*. Dort, wo sie münden, sind die (nicht sichtbaren) *Radbremszylinder*, bei der Trommelbremse in der Trommel, bei der Scheibenbremse im *Bremssattel*. Der ist wie ein dickes ‹U› über den Scheibenrand gestülpt. Ganz selten liegen die Bremsen der angetriebenen Räder weiter innen, in der Nähe des Differentials. Manche Autos haben vorne Scheiben- und hinten Trommelbremsen.
Hinter den Rädern befinden sich auch die Teile der *Radaufhängung*. Sie verbinden die Räder so mit dem Auto, daß sie federn und beide Vorderräder gelenkt werden können. Ein wichtiges Element der Radaufhängung sind

die *Stoßdämpfer*, für jedes Rad einer. Jeder Stoßdämpfer hat in einem Zylinder eine Ölfüllung, die von einem Kolben beim Federn des Rades durch kleine Öffnungen gepreßt wird. Damit wird der Federbewegung ein zäher Widerstand entgegengesetzt, der verhindert, daß das Auto nach jeder Bodenwelle weiterwippt oder die Räder anfangen zu hüpfen. Hüpfende Räder bedeuten eine schlechte Bodenhaftung; dein Auto wäre nicht nur unkomfortabel, sondern auch ganz schön unsicher.

Die Stoßdämpfer sind die meist senkrechten, manchmal auch waagerecht liegenden, röhrenförmigen Gebilde, die an einem Ende mit der Radaufhängung verbunden sind und sich mit dem anderen an der Karosserie abstützen. Leicht sind sie nicht zu finden, weil sie sich oft im Innern einer Schraubenfeder oder sonstwie im Gewirr der Radaufhängung verbergen. Du kannst sie manchmal anhand ihrer chromglänzenden Kolbenstange identifizieren, wenn sie keine Schutzhülle hat.

Es gibt eine Variante der Autofederung, bei der eine Flüssigkeit die Federkräfte auf die Radaufhängung überträgt. Die Stoßdämpfer sind hier oft keine gesonderten Teile, sondern in die Hydraulik der Federung eingebaut.

Wartung, Pflege, sparsam fahren 3

Die meisten Autos funktionieren nur solange reibungslos, wie man sie sorgsam behandelt. Viele Frauen haben zum Auto ein Verhältnis wie die meisten Leute zum Kühlschrank. Man taut ihn von Zeit zu Zeit ab, um ihn sauber zu machen, und hofft die übrige Zeit, daß er funktioniert; übrigens zu Recht, denn beim Kühlschrank gibt es sonst nichts zu pflegen. Beim Auto ist das anders, wie wir mit der Zeit in unserer Kfz-Werkstatt erfahren haben. Zu Anfang waren die häufigsten Arbeiten Autowaschen, Roststellen auf der Karosserie entfernen und Lack polieren. An die beängstigend vielen technischen Innereien trauten wir uns erst mal nicht ran – alles funktionierte ja schließlich noch einigermaßen –, da lag es nahe, auf sicherem Boden zu bleiben mit der uns altbekannten Putzerei, und wir hatten das Gefühl, unser Auto ordentlich gepflegt zu haben. Aber nach der ersten mühsamen Reparatur hatten wir begriffen: rechtzeitig ein Tropfen Öl, und die ganze Schufterei wäre uns erspart geblieben!
Es ist viel wichtiger, sich um das *Innenleben* des Autos zu kümmern als um sein Äußeres. Dazu kam noch die bittere Erfahrung, daß fast alle Autos früher oder später von innen durchrosten, trotz aller Wienerei außen an der Karosserie.
Deshalb haben wir in diesem Kapitel die Lackpflege ausgelassen, zugunsten von einfachen Wartungs- und Pflegearbeiten unter der Haube, entsprechend deinen Möglichkeiten als Kfz-Amateur.
Wenn es dir Spaß macht, dein Auto rundherum gut zu versorgen und erste Krankheitsanfälle selbst herauszufinden, dann wird mit der freundlichen Beziehung zwischen euch beiden nichts mehr schiefgehen.

Bestandsaufnahme

Suche dir einen schönen Tag aus, an dem du gute Laune und ein bißchen Zeit hast, wenn du mit den Wartungsarbeiten beginnst.
Zunächst kommt es darauf an, dir einen Überblick zu verschaffen, in welchem *Zustand* die wichtigsten Wartungsteile sind. Vielleicht hast du das Auto gebraucht gekauft, und sein(e) Vorbesitzer(in) konnte dir nicht viel über den Zustand des Autos sagen. Oder aber du hast dein Auto bisher regelmäßig zur Inspektion weggegeben und es deshalb noch nicht selbst kennengelernt. Bald weißt du mehr darüber!
Einige der folgenden Kontrollen wirst du in anderen Kapiteln wiederfinden, um dir das lästige Blättern zu ersparen.

1. Ölstandskontrolle

Alle Autos haben einen *Ölpeilstab*, an dem man ablesen kann, wieviel Öl im Motor ist, vorausgesetzt dein Auto steht auf einer ebenen Fläche. Es ist oft nicht leicht, den Peilstab zu finden, und du mußt tief in den Motorraum fassen, um ihn zu erwischen. Wo der Ölpeilstab bei deinem eigenen Auto zu finden ist, steht in der Betriebsanleitung. Findest du ihn dennoch nicht, so suche an den Längsseiten des Motors. Der Peilstab ist oben zu einer Öse gebogen und steckt in einem Loch oder Röhrchen, so daß er etwas schräg bis in die untersten Tiefen des Motors, die *Ölwanne*, reicht. Den Stab ziehst du heraus und wischst ihn erst mal trocken, denn – von oben bis unten ölig – sagt er dir nichts über den Ölstand. Du siehst, daß auf seinem unteren Ende mit Strichen, Kerben oder Knicken ein *Maximum* und ein *Minimum* markiert sind. Nun steckst du ihn wieder bis zum Anschlag in sein Loch und ziehst ihn ein zweites Mal heraus. Jetzt kannst du sehen, bis zu welcher Höhe er in das Öl eingetaucht war. Das muß zwischen den beiden Markierungen sein. Eine genaue Auskunft über den Ölstand kriegst du nur, wenn das Auto eine Weile gestanden hat, d. h. wenn alles Öl, das sich während der Fahrt oben im Motor zwischen den beweglichen Teilen herumgetrieben hat, in die Ölwanne zurückgeflossen ist. Das dauert etwa eine halbe Stunde, und du mußt diese Tatsache berücksichtigen, wenn du den Ölstand unmittelbar nach einer Fahrt kontrollierst. Aber selbst, wenn unter diesen Umständen das Öl nur bis zur Minimum-Marke reicht, wird es Zeit, Öl nachzufüllen, es sei denn, ein *Ölwechsel* steht unmittelbar bevor. Dann kannst du dir das Auffüllen sparen.
Wichtig ist nur, daß immer *rechtzeitig* Öl nachgekippt wird, bevor es unters Minimum sinkt. Dazu ist es nützlich, den Ölverbrauch des Motors zu kennen.
Öl nachfüllen: Auf manchen Ölpeilstäben ist die Menge zwischen der Minimum- und der Maximum-Marke in Litern angegeben. Ist das nicht so,

hilft die Betriebsanleitung vielleicht weiter. Auf keinen Fall darf der Ölstand über das Maximum reichen, das kann dem Motor schaden, abgesehen davon, daß er das überschüssige Öl sowieso gleich wieder aus den Ritzen schleudert.

2. Kühlflüssigkeitsstand

Bevor du den kleinen Deckel auf dem Kühler aufschraubst, vergewissere dich erst, ob es nicht ein *Vorratsgefäß* für die Kühlflüssigkeit in deinem Auto gibt. Das ist z. B. eine große, durchsichtige Glasflasche mit einem Verschluß obendrauf, durch den ein kleiner Schlauch vom Flaschenboden aus zum Kühler führt. Auf der Glasflasche sind Minimum- und Maximum-Markierungen eingezeichnet. Der Kühlwasserstand soll bei kaltem Motor zwischen diesen Markierungen liegen. Ist zuwenig drin, dann kannst du dieses Kühlsystem nicht einfach auffüllen, weil die Druckverhältnisse im Kühler durcheinandergeraten. Eine Werkstatt muß dir weiterhelfen.

Bei Kühlsystemen *ohne* Vorratsgefäß gibt's keine Probleme. Das Öffnen des Deckels bringt hierbei nichts durcheinander, und du kannst fast bis zum Rand Wasser nachkippen.

Wenn du dein Auto noch nicht kennst, ist es ratsam, die nächsten Male vor dem Losfahren nachzusehen, ob der Flüssigkeitsstand abgesunken ist. Ist das der Fall, dann sind der Kühler, ein Schlauch oder die Wasserpumpe irgendwo undicht, und du mußt dem Fehler auf die Spur kommen, bevor die Kühlung ausfällt und den Motor ruiniert. Besonders nach langen schnellen Fahrten machen sich solche Undichtigkeiten bemerkbar. Die meisten Hersteller schlagen vor, die Kühlflüssigkeit alle zwei Jahre zu erneuern.

Bei der Gelegenheit kannst du auch gleich mal nachsehen, wie verdreckt die Vorderseite des Kühlers mittlerweile ist. Kleben da z. B. jede Menge tote Fliegen, reinigst du den Kühler, indem du vom Ventilator her Wasser durch die Luftritzen spritzt. Das ist mühsam, weil die Fliegen schwer abgehen und man an den weichen, empfindlichen Kühllamellen schlecht mit einem harten Gegenstand nachhelfen kann. Ein paar tote Fliegen stören das Kühlsystem nicht, aber im großen und ganzen sollte der Kühler nicht verstopft sein, damit die kühlende Luft überall zwischen den Ritzen durchpfeifen kann.

Drück und zieh auch ein wenig an den Kühlschläuchen. Du merkst, ob sie fest auf den Anschlüssen sitzen und nicht hart und spröde sind.

3. Bremsflüssigkeitsstand

Für die Bremsflüssigkeit gibt es einen Vorratsbehälter, der immer zwischen der Minimum- und Maximum-Markierung gefüllt sein muß. Wo du ihn findest, steht in der Bedienungsanleitung.

Bevor du den Deckel des Vorratsbehälters abschraubst, ist es gut, ihn erst mal mit einem sauberen Lappen abzuwischen, denn die Bremsflüssigkeit darf weder von Wasser noch von Dreck verunreinigt werden. Sie verbraucht sich so gut wie gar nicht, wenn das Bremssystem dicht ist. Dementsprechend sollte der Flüssigkeitspegel immer auf der Maximum-Marke oder kurz darunter stehen. Wenn du nicht genau weißt, ob das an deinem Auto regelmäßig geprüft wurde, und du stellst fest, daß der Bremsflüssigkeitsstand zu niedrig ist, kann etwas undicht sein. Füll den Vorratsbehälter erst mal auf und kontrolliere eine Zeitlang regelmäßig. Bei deutlichen Verlusten brauchst du Werkstatthilfe.
Etwa alle zwei Jahre soll die Bremsflüssigkeit ganz ausgetauscht werden, weil sich mit der Zeit Wasser darunter mischt, das dann beim Bremsen Wasserdampf erzeugt und die Bremswirkung beeinträchtigt.
Noch ein Hinweis: Fülle niemals Bremsflüssigkeit aus einem Behälter oder einem Trichter nach, der vorher für Benzin, Öl, Petroleum oder Wasser benutzt wurde. Bremsflüssigkeit muß immer im Originalgefäß aufbewahrt werden; es handelt sich nämlich um eine besonders pingelige Flüssigkeit, die unbedingt sauber bleiben muß. Bevor du den Deckel des Vorratsbehälters wieder zuschraubst, putze ihn noch mal von innen und achte dabei darauf, daß das kleine Luftloch in ihm frei ist.

4. Batterie

Um den Säurestand der Batterie zu überprüfen, schraubst du alle sechs Deckelchen auf der Batterie auf und siehst nach, wie hoch die Säure über den Bleiplatten in den sechs Kammern steht; ca. 1 cm über der Oberkante der Bleiplatten ist o. k. Ist in einer oder mehreren Kammern weniger drin, wird destilliertes Wasser nachgefüllt, nicht mehr als 1 cm über den Bleiplattenrand. Das kannst du beliebig oft wiederholen, ohne Angst haben zu müssen, die Säure zu verwässern.
Der Ladezustand der Batterie wird mit einem Säureprüfgerät – Aräometer genannt – kontrolliert. Alle Werkstätten haben so etwas.
Nun zu den *Batteriepolen:* An beide Pole ist je ein dickes Kabel mit Schraubklemmen angeschlossen. Eines, das Minuskabel, führt zur Karosserie oder zum Motorgehäuse, der Pluspol steht mit dem Anlasser in Verbindung (siehe Zeichnung Nr. 13, S. 37). Zum Reinigen der Kontakte schraubst du zuerst die Minusklemme locker, so daß du sie runterziehen kannst. Welche der beiden Klemmen auf dem Minuspol sitzt, kannst du auch an den aufgeprägten Minus- und Pluszeichen auf dem Batteriekasten erkennen. Die Minuspolklemme zuerst abzuschrauben ist deshalb wichtig, weil dann die Gefahr, aus Versehen mit dem Schraubenschlüssel einen Kurzschluß zu verursachen, nicht so groß ist. Falls das trotzdem vorkommt, sei unbesorgt, du wirst über den Knall erschrecken, sonst kann dir nichts passieren.

Sind beide Kabelklemmen abmontiert, werden die beiden Pole mit Schraubenzieher oder Drahtbürste von allen Rückständen freigekratzt und mit einem hierfür gedachten *Polfett* (Autozubehörhandel) eingefettet. Saubere Batteriepole sind wichtig, damit die Kabelklemmen rund um den Pol guten Kontakt haben und der Strom nicht auf Abwege gerät. Beim Wiederaufschrauben der Kabelklemmen auf *keinen* Fall Minus- und Pluspol verwechseln! Das kann dir nicht passieren, wenn du dir jetzt zuerst den Pluspol der Batterie vornimmst. Er ist zu dick für die Minusklemme. Auf ihn paßt ohne Gewaltanwendung nur die Plusklemme.

5. Verteilerkappe & Unterbrecherkontakt

Als nächstes nimmst du dir die Verteilerkappe vor. Sie ist auf dem Verteilergehäuse mit zwei Halteklammern befestigt, die du mit ein bißchen Kraft wegdrücken kannst. Die fünf, sieben oder gar neun Kabel auf der Kappe bleiben eingestöpselt, sie sind lang genug, um in die Verteilerkappe reinsehen zu können. Innen soll sie ganz *sauber* und *trocken* sein. Hat sich Staub drin festgesetzt, wischst du ihn mit einem sauberen Lappen weg, und alles ist wieder in Ordnung. Entdeckst du dagegen dünne, schwärzliche Streifen, die durchs Wegwischen nicht richtig verschwinden, sind das möglicherweise Spuren von Kriechfunken, die die Zündspannung auf falsche Wege leiten, bevor sie die Zündkerzen erreicht. Dann brauchst du eine neue Verteilerkappe. Solange du die aber noch nicht zur Hand hast, versuche, die Streifen so gut wie möglich wegzukratzen. Dabei passiert es leicht, daß die an einer Feder befestigte spröde Kohle in der Mitte der Verteilerkappe beschädigt wird. Das Kohlestückchen soll sich federnd rauf und runter bewegen lassen. Wenn's klemmt, kriegst du's mit sachtem Ziehen und Drücken wieder frei.

Nun zum Rest des Verteilers, der unter der Kappe zum Vorschein kam. Alle 5000 km braucht eine bestimmte Stelle da drin einen Tropfen Öl. Ziehst du den Verteilerfinger, das braune oder schwarze Plastikteil, nach oben ab, siehst du in der Mitte der Verteilerwelle einen kleinen Filz oder einen Schwamm. Das ist die Stelle, die alle 5000 km den Tropfen Öl braucht. Grundsätzlich ist die Ölerei im Verteilergehäuse ei-

ne heikle Angelegenheit, weil sich darin viele bewegliche Teile befinden, die geölt sein sollen, andererseits aber auch ein Teil drin ist, das auf *keinen* Fall eine Spur von Öl abbekommen darf, nämlich der *Unterbrecherkontakt*. Aus diesem Grund ist größte Vorsicht geboten, damit der Öltropfen für die Verteilerwelle nicht aus Versehen an die falsche Stelle gerät.

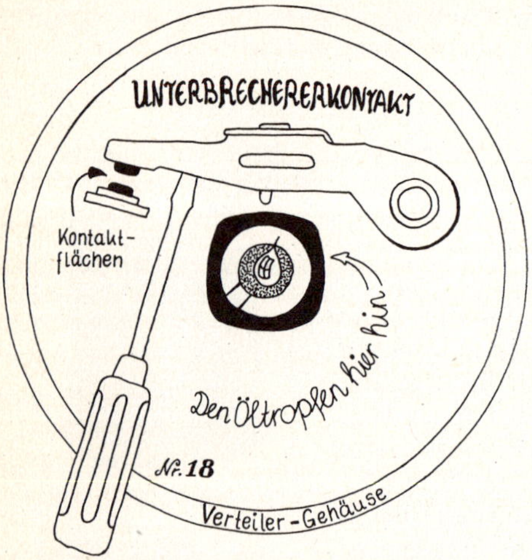

Jetzt kannst du noch untersuchen, in welchem Zustand der Unterbrecherkontakt ist.
Neuerdings gibt es immer mehr Autos, die eine elektronische Zündanlage haben und so ohne Unterbrecherkontakt auskommen. Besitzt dein Auto diese Raffinesse, erübrigt sich diese Kontrolle.
Du findest die eine Kontaktfläche am schmalen Ende des länglichen federnden Hebels und unmittelbar daneben die zweite. Der Zustand dieser kleinen, metallenen Kontaktflächen ist entscheidend.
Es kann sein, daß gerade beide Flächen dicht aufeinander sitzen und du dadurch nicht dazwischen sehen kannst. Ein Schraubenzieher erleichtert dir das Wegdrücken des Hebels in der Enge des Verteilergehäuses.
Neue Kontaktflächen sind spiegelglatt und leicht gewölbt. Bevor sie alle 10000 bis 20000 km ausgewechselt werden, können sie ruhig etwas von ihrem Glanz verloren haben. Springt dagegen dein Motor schlecht an, und du findest narbige oder unebene Kontaktflächen, dann hast du einen möglichen Fehler gefunden. Ein neuer Unterbrecherkontakt wirkt oft Wunder!
Läuft dein Motor aber trotz narbiger Kontaktflächen bisher einwandfrei, sei froh, daß es noch nicht soweit ist, sie erneuern zu müssen, aber erinnere dich daran, wenn er später beim Anspringen oder durch zu hohen Benzinverbrauch Ärger macht.
Das war's. Den Verteilerfinger wieder in der Mitte auf die Verteilerwelle stecken; er paßt nur in *einer* Stellung *richtig* drauf. Dann die Kappe mit den Zündkabeln drüberstülpen und mit den Metallklammern festklemmen. Auch sie rastet in der richtigen Stellung ein.

6. Zündkerzen

Zündkerzen werden von den Werkstätten besonders gerne ausgewechselt. Nach fast jeder Inspektion findest du sie auf deiner Rechnung wieder. Da steckt häufig mehr Vorsorge oder Geschäftemacherei dahinter als wirklich Notwendigkeit, denn Zündkerzen müssen je nach Motortyp nur alle 10000 bis 20000 km ausgewechselt werden. Da ist es schon besser, selber mal nach den Zündkerzen zu sehen, zumal ihr Aussehen eine Art Orakel für den Zustand deines Motors ist. Allerdings nur dann, wenn der Motor ordentlich warmgelaufen ist, bevor du die Zündkerzen kontrollierst. Das kann ruhig am Tag zuvor geschehen sein. Unmittelbar vor der Zündkerzenkontrolle darfst du keine kurze Strecke gefahren sein, weil der Motor dann noch nicht alle beim Starten entstandenen Rückstände verbrannt hat.

Rausschrauben und Diagnose: Verfolgst du die äußeren Kabel auf der Verteilerkappe, dann kommst du zu den Zündkerzensteckern, unter denen dann die Zündkerzen in den Zylinderkopf eingeschraubt sind. Es hat sich bewährt, immer nur eine Zündkerze zur Zeit rauszuschrauben, damit nachher keine Schwierigkeiten entstehen, welcher Kabelstecker auf welche Kerze kommt. Verwechselst du sie, läuft der Motor nicht mehr. Du ziehst also bei einer Kerze den Stecker ab und schraubst sie mit dem Zündkerzenschlüssel raus. Der Steckschlüssel muß ganz auf die Kerze geschoben werden und darf nicht schräg aufsitzen, damit der Keramikisolierkörper der Kerze nicht kaputtgeht. Sei vorsichtig mit Gewaltanwendung; zu leicht kannst du abrutschen und dich verletzen oder den Isolierkörper beschädigen. Benutze lieber einen längeren Hebelarm als mehr Kraft, wenn die Kerze festsitzt.

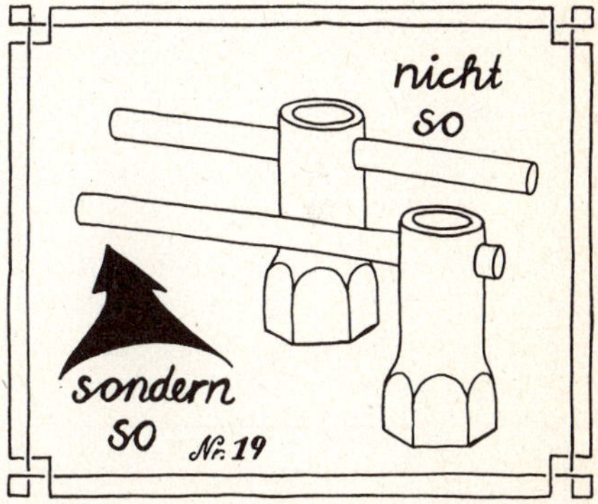

Auf gesprungenen, fettigen, verschmutzten oder feuchten Isolierkörpern entstehen Kurzschlüsse, also putzen oder auswechseln, wenn nötig.
Für die weitere Beurteilung der Kerze ist das Aussehen ihres herausgeschraubten Endes, des Kerzengesichts, wichtig.

Normale Zündkerze: Der Isolatorfuß ist sauber, Seiten- und Mittelelektroden sind trocken, ohne Kohleablagerungen und an den Kanten und Ecken weder abgefressen noch verbogen. Farbe: grauweiß, graugelb bis rehbraun. Die Seitenelektroden kann man etwas biegen, um den richtigen Elektrodenabstand einzustellen. Er soll 0,6 mm betragen.

Verölte Zündkerze: Mit deinem Motor ist etwas nicht in Ordnung. Möglicherweise kommt zu viel Öl an den Kolben vorbei in den Verbrennungsraum oder gelangt durch schadhafte Ventile dorthin. Da kann nur die Werkstatt weiterhelfen.

Verrußte Zündkerzen: Das kann bedeuten, daß der Vergaser zuviel Benzin zur Luft mischt (festes Gemisch); er muß besser *eingestellt* werden. Verrußt sehen Kerzen auch aus, wenn du vorher eine kurze Strecke mit kaltem Motor gefahren bist.

Fleckiger Isolatorfuß: Durch häufige Fehlzündungen oder zu mageres Gemisch (mehr Luft als Benzin) wurde die Kerze überhitzt. Es kann auch eine Zündkerze mit falschem Wärmewert eingesetzt sein.

Pulverförmiger, weißlicher Belag: Solange der Belag noch in diesem Zustand ist, ist es nicht schlimm; abbürsten und die Kerze ist wieder o. k. War dieser Belag zu lange drauf, schmilzt er zu einem glasähnlichen Überzug zusammen, die Kerze muß erneuert werden.

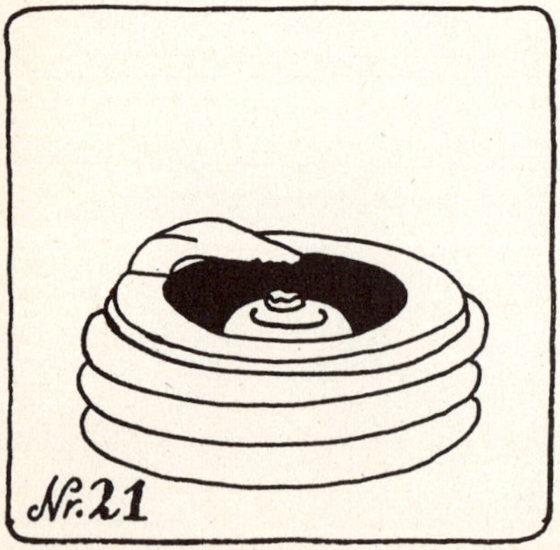

Verbrauchte Zündkerze: Wenn du seit dem letzten Kerzenwechsel 10000 km gefahren bist, müssen alle Kerzen erneuert werden. Sonst brauchst du nur die Kerzen auswechseln, die so wie auf der Zeichnung aussehen.

Mußt du eine einzelne oder alle Kerzen auswechseln, achte darauf, daß die neuen in *Wärmewert* und *Gewindelänge* zu deinem Motor passen. Tankstellen und Werkstätten haben hierfür Tabellen.

Reinschrauben: Um das Gewinde im Zylinderkopf nicht zu beschädigen, drehst du die Kerzen erst mal, so weit es geht, mit der Hand rein und ziehst sie mit dem Kerzenschlüssel fest. Aber nicht mit Gewalt, schließlich soll sie das nächste Mal wieder rausgehen. Dazu ist es auch gut, das Kerzengewinde mit Graphitpulver, z. B. von einer abgekratzten Bleistiftmine, zu bestreuen. Nimm auf keinen Fall Öl, das bäckt sich durch die Hitze fest.

7. Keilriemenspannung

Die Keilriemenspannung ist deshalb wichtig, weil von ihr das richtige Funktionieren des Kühlsystems abhängt. Ist der Keilriemen zu locker, verölt oder beschädigt, kann die Wasserpumpe das Kühlwasser nicht mehr mit der nötigen Geschwindigkeit umwälzen oder der Ventilator beim luftgekühlten Motor sich nicht schnell genug drehen. Der Motor wird zu heiß.
Außerdem treibt ein Keilriemen noch die Lichtmaschine an. Ist er zu lappig und rutscht durch, liefert die Lichtmaschine nicht mehr genug Ladestrom für die Batterie; wieder ein Ärger mehr!
Bei einigen Autotypen gibt es für diese beiden Funktionen zwei Keilriemen, einen für die Wasserpumpe und einen für die Lichtmaschine.
Ein Keilriemen ist dann *richtig* gespannt, wenn er sich in der Mitte seiner längsten Spannweite ca. 1–2 cm durchdrücken läßt.

Ist es mehr oder weniger, mußt du ihn nachspannen:
Handelt es sich dabei um einen Keilriemen, der Lichtmaschine und Was-

serpumpe zugleich antreibt, findest du an der Lichtmaschine hierfür vorgesehene Klemmschrauben. Wenn du sie locker schraubst, kannst du die ganze Lichtmaschine entweder näher zum Motorblock hin schwenken oder weiter von ihm weg, je nachdem, ob der Keilriemen lockerer oder strammer sitzen soll. Nach dem Festschrauben lieber noch mal prüfen, ob die Spannung jetzt stimmt.

Willst du herausfinden, wie ein Keilriemen gespannt wird, der nur die Wasserpumpe antreibt, dann mußt du dich ein bißchen auf deine Findigkeit verlassen. Das ist bei den Autotypen zu unterschiedlich, um es hier genau beschreiben zu können.

8. Luftfilter

Der Luftfilter hält Staub und andere Fremdkörper von Vergaser und Zylindern fern. Ein Motor verbraucht durchschnittlich 3000–6000 Liter Luft pro Minute, und wenn er sie durch verstopfte Filterporen ansaugen muß, macht sich das am erhöhten Benzinverbrauch bemerkbar. Es lohnt sich also, den Filter von Zeit zu Zeit zu kontrollieren.

Nach Losdrehen der Schrauben auf dem Filtergehäuse geht der Deckel ab, und du kannst den Filtereinsatz herausnehmen. *Papierfilter* können nicht gereinigt, sondern nur insgesamt ausgewechselt werden. Die neue Filterpatrone reinlegen, Deckel zu, das ist alles!

Ölbadfilter können herausgenommen und mit Dieselöl oder Petroleum gereinigt werden. Der metallene Filtereinsatz sitzt in einem Topf mit Ölfüllung, der auch geputzt und bis zur Markierung mit neuem Öl aufgefüllt werden muß. Jeder Luftfilter sollte spätestens alle 10000 bis 20000 km ausgewechselt bzw. gereinigt werden.

Das Automobil . . .

... ist, der Bedeutung seines Namens nach, ein Ding, das sich von selbst bewegt. Gelegentlich bleibt es auch von selbst stehen.

Das vielseitigste und hilfreichste Werkzeug bei einer Autopanne ist der Kugelschreiber, mit dem man einen Scheck ausfüllt.

Mit Geld kommt man allemal gut voran.

9. Radaufhängung & Stoßdämpfer

Radlager und Stoßdämpfer sind zwar keine Teile, die du selber warten kannst, es ist aber trotzdem nützlich, sich über ihren Zustand zu informieren, weil sie für die Sicherheit des Autos wichtig sind.
Alle Lager der *Radaufhängung* werden beim Fahren sehr beansprucht. Ob sie in Ordnung sind, erkennst du, wenn du dich vor jedes Rad kniest und mit beiden Händen fest oben am Reifen rüttelst, als ob du ihn raus- und reinkippen wolltest. Du merkst sofort, ob es wackelt. Verschlissene Lager und Gelenke fühlen sich ganz anders an als das weiche Nachgeben der Reifen. Wenn's wackelt, nennt man das ‹Spiel›, und das soll da, wo du mit den Händen angreifst, nicht mehr als 2 mm betragen. Hast du das Gefühl, daß ein Rad stärker wackelt, dann sind Teile der Radaufhängung abgenutzt und sollten beim nächsten Werkstattbesuch überprüft werden.

Bei den *Stoßdämpfern* kannst du feststellen, ob sie noch *dicht* sind. Entdeckst du feuchte, dunkle Stellen an einem, dann verliert er seine Ölfüllung und dämpft schlechter. Wie weit dieser Fehler schon fortgeschritten ist, kannst du grob prüfen, indem du mit deinem ganzen Gewicht rhythmisch auf den Kotflügel oder die Stoßstange drückst. Bei guten Stoßdämpfern darf ein Auto, nachdem du es losgelassen hast, noch einmal nicken und muß dann ruhig stehen.

10. Reifen

Zum Schluß noch einen Blick auf die «Latschen», die Laufflächen der Reifen. Wenn ein durchschnittlicher Streichholzkopf nicht mehr ganz in den Profilrillen verschwindet (ca. 2 mm), dann kannst du schon mal anfangen, dich nach neuen Reifen umzusehen. Mit weniger als 1 mm Profil handelst du dir Ärger mit der Polizei ein, falls sie das merkt.
Sind die Reifen ungleichmäßig abgefahren, kannst du die Ursache vielleicht selbst herausfinden:

Profil einseitig abgenutzt: deutet auf eine Veränderung der Einstellung der Radaufhängung. An den Vorderrädern ist es meistens die Spur, an den Hinterrädern der Sturz. Beides muß vermessen und richtig eingestellt werden.

Profil an beiden Rändern abgenutzt: Der Luftdruck ist zu gering. Die Reifen können zu heiß werden und kaputtgehen. Gerade bei heißem Wetter und vollbeladenem Auto sollte man lieber 0,2 bar (atü) mehr als normal in die Reifen pumpen, weil sie bei höherem Druck kühler laufen und mehr tragen.

Profil in der Mitte abgenutzt: Der Luftdruck ist zu hoch. Die Lauffläche liegt nicht platt auf der Straße, sondern wölbt sich in der Mitte.

Kleine Dellen in der Lauffläche: Das kann von kaputten Stoßdämpfern stammen.

Regelmäßige Wartung – «Kleine Inspektion»

Alles, was du bei der Bestandsaufnahme kontrolliert und getan hast, macht einen großen Teil der Arbeiten aus, die die Autohersteller in regelmäßigen Intervallen als «kleine Inspektion» vorschreiben. Sie sind auch Teil der großen Inspektion, die sich mit der kleinen abwechselt. Dazu kommen eine Reihe weiterer Kontroll- und Wartungsarbeiten, die mehr Werkzeug und Wissen erfordern.
Wenn du die kleine Inspektion alle 5000 km, oder wie es sonst in der Betriebsanleitung deines Autos steht, selber machst, kannst du eine Menge Geld sparen. Auch bei der großen Inspektion braucht die Werkstatt dann nur noch die Dinge erledigen, die du übriggelassen hast. Mit einem bißchen Übung ist das locker in ein bis zwei Stunden zu schaffen. Es hängt natürlich davon ab, was du bei den Kontrollen entdeckst.
Zu den Arbeiten der kleinen Inspektion gehören:

1. Kontrollen

- Batteriepole und Säurestand (S. 56)
- Kühlflüssigkeitsstand (S. 55)
- Bremsflüssigkeitsstand (S. 55)

Wie das alles gemacht wird, findest du auf den angegebenen Seiten.
Auch Unterbrecherkontakt (S. 57) und Zündkerzen (S. 59) zu kontrollieren ist nützlich, weil sie den Benzinverbrauch entscheidend beeinflussen; es geht schnell.

2. Motorölwechsel

Der Ölwechsel ist wichtig, weil das Öl Verbrennungsrückstände und Metallstaub von den Lagern aufnimmt. Ist seine Aufnahmefähigkeit erschöpft, braucht der Motor neues Öl. Die Intervalle hierfür sind für jeden Autotyp vorgeschrieben. Bei jedem zweiten Ölwechsel wird auch der Filtereinsatz des Ölfilters gewechselt; das muß die Werkstatt bei der großen Inspektion machen.

Vorbereitung: Um das Altöl aufzufangen, brauchst du einen flachen Behälter, der unter die Ölwanne paßt und groß genug ist für die Menge Öl, die dein Motor enthält. Wieviel das ist, mußt du fürs Erneuern sowieso in Erfahrung bringen (Betriebsanleitung). Der Auffangbehälter ist leicht selbst herzustellen, indem du von einem alten Ölkanister eine Seitenwand abschneidest.

Dann krabbele unters Auto, um herauszufinden, welcher Schlüssel zur *Ölablaßschraube* an der tiefsten Stelle der Ölwanne paßt. Ein Abdruck des öligen Endes der Ablaßschraube auf einem Stück Papier erspart dir mühsame Messerei unter dem Auto. Meistens werden die Leute im Autozubehörladen dir auch ohne diesen Abdruck sagen können, welcher Ölablaßschlüssel zu deinem Autotyp gehört.
Wenn du nicht weißt, wann der letzte Ölwechsel am Auto gemacht wurde, kauf gleich noch eine neue *Dichtung* für die Ölablaßschraube. Sicherheitshalber kann man diese Dichtung auch bei jedem Ölwechsel erneuern, ist aber nicht nötig.
Am besten klappt der Ölwechsel bei *warmem* Motor. Das Öl ist dünnflüssiger, läuft schneller raus und schwemmt mehr Dreckteilchen mit. Das Auto soll waagerecht stehen, weil die Ölwanne so konstruiert ist, daß nur dann alles restlos abläuft. Unter dem Auto ist es eng zum Platzangstkriegen. Dagegen würde nur helfen, das Auto mit allen vier Rädern gleichzeitig hochzuheben; da wird es einfacher sein, du findest dich mit der Platzangst ab.

Durchführung: Wenn du zuerst den Öleinfüllstutzen auf dem Ventildeckel öffnest, kann das Öl schneller ablaufen. Dann löst du die Ölablaßschraube an der Ölwanne mit dem Schraubenschlüssel so weit, daß du den Rest mit der Hand abschrauben kannst. Jetzt schnell weg, damit dir die schwarze, heiße Soße nicht den Ärmel runterläuft, sondern im Auffanggefäß landet.

Manchmal ist in der Ablaßschraube ein Magnet eingebaut, um kleine Metallteilchen aus dem Motoröl festzuhalten. Vorsicht beim Abwischen, manche Magnete sind spröde und zerbrechen leicht.
Ist das alte Öl ganz rausgelaufen, drehst du die Ablaßschraube samt Dichtungsring wieder fest. Aber nicht zu sehr anknallen, sonst kann das Gewinde kaputtgehen. Jetzt wird das neue Öl oben eingefüllt und nach einer Weile noch mal am Ölpeilstab kontrolliert, ob der Motor wirklich genug, aber auch nicht zuviel Öl bekommen hat.

Wohin mit dem Altöl? Auf gar keinen Fall wegschütten! Du machst dich dann zu Recht strafbar, denn ein Tropfen Öl verseucht einen Kubikmeter Erde und Grundwasser. Aber auch nicht in die Kanalisation schütten oder in Dosen verpackt unter den Sperrmüll mischen, alles ist verboten! Am besten, du sammelst das Altöl in einem Kanister und schleppst den von Zeit zu Zeit zu einer Tankstelle mit Altölsammelstelle, das haben die meisten. Jede dieser Tankstellen ist *verpflichtet*, dir dein Altöl abzunehmen, und wenn sie meckern und murren, weil sie dabei an dir nichts verdient haben, laß dich davon nicht beeindrucken!

Welches Öl ist richtig? Du kannst dir inzwischen bestimmt vorstellen, daß bei den hohen Druck- und Temperaturunterschieden das Motoröl ganz schön viel aushalten muß. Es soll alterungsbeständig sein, d. h. es soll durch Oxydation nicht an Schmierfähigkeit verlieren. Außerdem soll es bei allen auftretenden Temperaturen eine ausreichende Zähflüssigkeit (Viskosität) behalten.
Die im folgenden erklärten Zahlen und Buchstaben sind Abkürzungen, die die Eigenschaften des Öls kennzeichnen.
HD-Öl: Enthält chemische Zusätze, die sich positiv auf Alterungsbeständigkeit und Schmierfähigkeit auswirken. «HD» heißt «heavy duty» und bedeutet schwere Beanspruchung.
SAE: Von der amerikanischen Vereinigung der Kfz-Ingenieure (SAE) wurden Motoröle in verschiedene Viskositätsklassen eingeteilt. Die Klassen werden durch eine Zahl mit dem Zusatz «SAE» bezeichnet. Dünnflüssige Öle tragen niedrige Zahlen, z. B. SAE 10, und zähflüssige höhere, z. B. SAE 50. Der Zusatz «W» bedeutet Winter oder genauer, geeignet für den Winterbetrieb. So ist SAE 10W ein Winteröl, sinnvoll bei Temperaturen von 0° C bis −25° C.
Da es ziemlich lästig ist, im Frühjahr und im Herbst rechtzeitig auf die richtige Viskosität des Motoröls zu achten, gibt es inzwischen sogenannte *Mehrbereichsöle*. Sie entsprechen bei niedrigen Temperaturen den Anforderungen für Winteröle und bei hohen denen für Sommeröle. An einem Querstrich zwischen zwei Zahlenangaben sind sie zu erkennen. SAE 10W/50 bedeutet z. B., daß das Öl für größte Hitze als auch lausige Kälte geeignet ist.

Die Autohersteller lassen oft verschiedene Öle für ihre Motoren zu, und du kannst je nach Finanzlage entscheiden, welches du nimmst. HD-Öl sollte es immer sein. Einbereichsöl ist zwar billiger, aber schwer zu kriegen und muß im Frühjahr und Herbst gewechselt werden. Bequemer und teurer ist ein Mehrbereichsöl. Alle, deren Bezeichnung mit SAE 10W oder 15W anfangen, sind für unsere Breiten geeignet.

3. Scheibenwischerwelle ölen

Wenn du jetzt nur noch wenig Zeit hast oder nach all den Anstrengungen die Lust verloren hast, versuch wenigstens, den Scheibenwischerarm samt seiner Welle etwas herauszuziehen und in die entstehende Ritze etwas Öl zu tröpfeln.
Das ist aber keine ideale Lösung, weil so das Öl allein den Weg zu der beweglichen Welle finden muß, und ob es das in jedem Fall schafft, ist fraglich. Besser ist es, von Zeit zu Zeit die Scheibenwischerarme ganz abzumontieren. Dazu werden die Wischerblätter von der Frontscheibe weggeklappt. Dann mußt du herausfinden, ob der Arm einfach abzuziehen ist oder vorher eine kleine Schraube gelöst werden muß. Oft kommst du dann aber immer noch nicht an die Welle ran. Entweder muß außerdem eine Gummikappe oder eine metallene Schraubkappe entfernt werden. Welches die Welle ist und was zu ihrem Drumherum gehört, kannst du erkennen, wenn du den Scheibenwischer kurz anschaltest.
Das Öl tropfst du dann zwischen die sich drehende Welle und das feststehende Wellenlager.
Manche Wischerarme lassen sich in verschiedenen Stellungen wieder auf die Welle setzen, dann mußt du etwas experimentieren, um herauszufinden, in welcher Stellung der eingeschaltete Scheibenwischer das Dichtungsgummi der Frontscheibe nicht berührt und auf der Scheibe bleibt.

Werkzeug & Material

Damit du bei diesen Inspektionsarbeiten nicht die Lust verlierst, weil du alle naselang hinter einem Lappen, Schraubenschlüssel oder sonstigem Werkzeug herrennen mußt, ist hier zusammengefaßt, was du dazu alles brauchst.
Werkzeug: Zündkerzenschlüssel, Schraubenschlüssel für Batteriepole, Lichtmaschine und Ölablaßschraube, Drahtbürste, Schraubenzieher, saubere Lappen.
Material: Keilriemen, destilliertes Wasser, Kühlflüssigkeit, Bremsflüssigkeit, Motoröl, dünnflüssiges Maschinenöl – dazu am besten ein Ölkännchen, damit du das Öl ohne Kleckerei tropfenweise dosieren kannst.
Wenn du Lust bekommen hast, in Zukunft diese Wartungsarbeiten selber zu machen, lohnt es sich, diese Materialien vorrätig zu haben.

Wintervorbereitung

Wer mag schon den Winter gerne? Autos ganz bestimmt nicht! Kälte und hohe Luftfeuchtigkeit quälen den Motor beim Anspringen; das Streusalz von den Straßen findet garantiert jede winzige Roststelle am Wagen und verleiht dem Rostfraß erst richtig Zähne; der Batterie wird's so kalt, daß sie – ist sie nicht ganz voll – lieber gleich den Geist aufgibt. Kurz und schlecht, fürs Auto eine harte Zeit, die es mit ein bißchen Unterstützung besser übersteht.

Kühlwasser: Wenn du im Laufe des Sommers häufiger nur Wasser in den Kühler nachgefüllt hast, so muß jetzt geprüft werden, ob der Frostschutz für den Winter noch ausreicht.

Scheibenwischerwasser: An Tankstellen gibt es hierfür spezielle Frostschutzmittel. Billiger ist es, das Wasser im Verhältnis 1:1 mit Brennspiritus zu mischen; das funktioniert genausogut, riecht nur etwas merkwürdig.

Gummidichtungen: Die Dichtungsgummis rund um die Türen (vor allem an den Heckklappentüren) frieren oft an der Karosserie fest und reißen bei Gewaltanwendung ein. Wenn du sie mit Glyzerin oder Hirschtalg (Apotheke) einreibst, passiert das nicht.

Vorwärmung der Ansaugluft: Bei vielen Autos muß man die Ansaugluft, die der Vergaser für das Benzin-Luft-Gemisch braucht, auf Sommer- bzw. Winterbetrieb umstellen.

Hierfür ist im Luftansaugrohr des Luftfilters eine *Klappe* vorgesehen, die von außen mit einem Hebel oder einer Schraube bedient werden kann. Bei der Stellung dieser Klappe auf Winterbetrieb wird die Frischluft über den heißen Auspuffkrümmer geleitet und dadurch vorgewärmt. Das verhindert ein Vereisen des Vergasers. Wie diese Klappe betätigt wird, steht in der Betriebsanleitung.
Ist es draußen besonders kalt (unter 0°C), reicht selbst das für manche Motoren nicht aus. Eine zusätzliche Pappe muß in der Einlaßöffnung für die Kühlluft befestigt werden.

Batterie und elektrische Anschlüsse: Ladung und Flüssigkeitsstand der Batterie müssen überprüft werden (siehe Seite 56). Die Säure einer entladenen Batterie friert leicht ein.
Einwandfreie Kontakte an den Polklemmen sind für die kalte Jahreszeit besonders wichtig. Das gilt auch für die Zündkabelanschlüsse. Die Kontakte an beiden Enden der bleistiftdicken Zündkabel sind mit Gummikappen vor Feuchtigkeit geschützt (siehe Zeichnung Nr. 13, S. 37). Die Kontakte sollen blank und trocken sein. Die Gummikappen müssen erneuert werden, wenn du daran Risse oder sonstige Beschädigungen entdeckst.

Unterbodenschutz: Der Unterbodenschutz ist eine teerartige Masse, die das Chassis und die Unterseiten der Karosserie gegen Rost und aggressives Streusalz abschirmt. Er wird vom Werk oder nachträglich von der Werkstatt mit hohem Druck auf die Wagenunterseite gespritzt. Eigentlich ein idealer Rostschutz, wenn man sicher sein könnte, daß bei nachträglichem Auftragen der Schutzschicht Unterboden und Karosserieteile richtig vorbereitet wurden. Sie müssen nämlich vollkommen trocken, staub-, fett- und rostfrei sein, und daß dem, der diese mühselige Arbeit machen muß, zu früh die Geduld ausgeht, ist ziemlich wahrscheinlich. Dann rostet es unsichtbar weiter unter dem wunderschönen Unterbodenschutz. Am besten, du unterhältst dich mit den Werkstattleuten über dieses Problem und seine finanziellen Konsequenzen.
Natürlich kann man den Unterbodenschutz auch selbst auftragen, ohne die Dampfdruckreinigungsanlage der Werkstatt ist das aber eine sehr arbeitsintensive Angelegenheit.

Winterreifen: Winterreifen haben ein gröberes Profil und eine andere Gummimischung als Sommerreifen. Auf Schnee, Matsch und Eis haften sie besser, würden sich aber, im Sommer verwendet, schnell abnutzen. Meistens sind Sommergürtelreifen, die in ihrer Haftfähigkeit den Winterreifen recht nahekommen, in unseren Breiten im Winter ausreichend.

Frühjahrsputz

Im Frühjahr, wenn Schnee und Kälte endgültig vorbei sind, ist der Frühjahrsputz fällig. Das Auto muß oben, aber vor allem unten von der Streusalzlauge befreit werden; auch Reifen und Felgen von innen nicht vergessen. Defekte Unterbodenschutzstellen kommen jetzt zum Vorschein und müssen ausgebessert werden. Ist der Wagen wieder ganz trocken, werden die Roststellen mit Rostumwandler eingepinselt. Das ist ein Mittel, das auf chemischem Weg die Rostflächen versiegelt und ein Weiterfressen des Rosts verhindert (versprechen die Hersteller). Sie lassen sich dann ohne weiteres mit Lackfarbe überstreichen.
Jetzt muß nur noch die Regelung der Ansaugluft am Luftfilter auf Sommerbetrieb umgestellt werden.

Sparsam fahren

Wußtest du, daß in der Bundesrepublik über 50 % aller Fahrten mit dem Auto kürzer als drei Kilometer sind?
Am sparsamsten wäre ein Auto, das für diese Strecken gar nicht erst in Gang gesetzt wird!
Nun sind bei uns leider in den meisten Regionen weder das Liniennetz der Bundesbahn noch die öffentlichen Nahverkehrsmittel in einem Zustand, der den Verzicht auf das Auto erleichtert, ganz zu schweigen vom Ausbau der Fahrradwege in unseren Städten. Statistiken aus Ländern, in denen das besser ist, Dänemark oder Holland, fördern die erstaunliche Tatsache zutage, daß die Anzahl der Fahrradfahrer auch bei Regen oder Schnee nicht wesentlich zurückgeht. Alles in allem, Parkplatzsuche eingerechnet, ist dort ein Fahrrad auf den kurzen Strecken im Stadtverkehr eindeutig schneller als ein Auto. Am Wetter liegt es offensichtlich nicht, wenn in der Bundesrepublik das Fahrrad noch keine Alternative zum Auto ist.
So werden wir uns hier trotz steigender Benzinpreise in näherer Zukunft mit den Autos abfinden müssen, und es zahlt sich in barer Münze aus, zu wissen, was den Benzinverbrauch des eigenen Autos beeinflußt.
Wenn du den Benzinverbrauch deines Autos genau mißt, wirst du feststellen können, daß er bis zu jeder neuen Wartung des Motors etwas steigt. Die Einstellung von Zündung und Vergaser verschlechtern sich im Laufe der Zeit, Verschleiß ändert das Ventilspiel, und Zündkerzen altern. In gleicher Richtung wirkt der Staub, der sich im Luftfilter sammelt. Alles zusammen hat zur Folge, daß der Motor das Benzin nicht mehr optimal nutzt. Die regelmäßigen Inspektionen halten diese unerfreuliche Erscheinung in engen Grenzen, auslassen solltest du deswegen keine. Ungewöhnlicher Benzinverbrauch kann hierin eine Ursache haben.

Ebenso macht sich zu *niedriger Luftdruck* in den Reifen bemerkbar. Schlappe Reifen rollen schwerer als prall aufgeblasene, und der Motor muß bei sonst gleichen Umständen einen größeren Widerstand überwinden. Wenn du schnell oder voll beladen fährst, ist eventuell schon der in der Betriebsanleitung genannte Reifendruck zu niedrig. Mit 0,2 bar (atü) mehr bist du auf der sicheren Seite. Du mußt den Druck auch nicht jedesmal für Normalfahrten verringern, es sei denn, du merkst, daß sich die Reifen nur in der Mitte des Profils abfahren. Dann war es des Guten zuviel.
Die Autohersteller werden sich bemühen, den *Luftwiderstand* der Karosserie kleinzuhalten, solange der davon abhängige Benzinverbrauch ein gutes Verkaufsargument ist. Ein Dachgepäckträger – selbst ein leerer – stört die Luftströmung an der Karosserie und vergrößert den Luftwiderstand und damit den Benzinverbrauch beträchtlich. Es ist gut, schon bei dessen Kauf darauf zu sehen, wie leicht er sich abbauen läßt, damit du, um dir die Fummelei mit verklemmten Schrauben zu ersparen, nicht unnötig Benzin verplemperst. Außerdem: je 100 kg Zuladung im Auto, kannst du mit einem Mehrverbrauch von etwa einem Liter Benzin auf 100 km rechnen.
Auf die eine oder andere Weise kannst du also darauf achten, daß dein Auto das meiste aus dem Benzin herausholt. Den bedeutendsten Einfluß auf den Benzinverbrauch hast du jedoch mit deiner *Fahrweise*. Das geht gleich nach dem Anlassen los. Der kalte Motor verbraucht relativ viel Benzin, und der Verschleiß ist hoch. Je schneller er warm wird, desto besser. Darum laß ihn nicht im Leerlauf nudeln, sondern fahr gleich los und verzichte im Winter während der ersten Kilometer auf die Heizung. So wird der Motor früher warm und kann eher ohne die obendrein benzinverzehrende Starthilfe (Choke) auskommen.
Und weiter geht's während der Fahrt. Du kannst es leicht ausprobieren: Unter Einsatz aller Mittel, wie Gänge bis zur höchsten Drehzahl ausfahren, bei scharfen Überholmanövern viel bremsen und beschleunigen und die Höchstgeschwindigkeit der Autos voll ausnutzen, wird es dir gelingen, die Reichweite einer Tankfüllung auf die Hälfte zu verringern. Wenn deine Nerven das aushalten, bringst du gute Voraussetzungen zum Ralley-Fahren mit. Aber im Ernst, auf einer Strecke von 800 km verbrauchst du fast die doppelte Menge Benzin und sparst von acht Stunden vielleicht zwei, ganz abgesehen davon, was du Reifen, Bremsen und Kupplung deines Autos zumutest. Dieses merkwürdige Fahrverhalten ist zu wenig anderem geeignet, als ein eigenartig männliches Selbstbewußtsein zu päppeln.
Benzin sparen kannst du, indem du möglichst früh in den *nächsthöheren* Gang schaltest und auch mal in der Stadt im vierten Gang dahinrollst, auf freier Strecke 20% unter der möglichen Höchstgeschwindigkeit bleibst

und zu Autos, die du nicht unmittelbar überholen willst, Abstand hältst. Dann hast du genügend Zeit, die Bremsen durch Gas-wegnehmen und Runterschalten zu schonen, falls der Vordere langsamer wird. Eine gleichmäßige Fahrweise ohne Hektik ist das beste, was du deinem Benzinbudget antun kannst, und gemütlicher ist es auch!

Pannenhilfe 4

In diesem Kapitel wird es nicht darum gehen, dir für jeden möglichen Knacks an deinem Auto eine Reparaturanleitung zu geben. Wir kennen nicht alle Fehler, die dein Auto haben kann und erst recht nicht alle Tricks, sie zu beheben. Aber wichtiger sind für uns zwei andere Gründe. Einer ist, daß die Anleitungen enorm ausführlich und für jeden Autotyp anders sein müßten, damit du mit ihnen sicher ans Ziel kommst. Der zweite ist, daß du nicht immer Ersatzteillager und eine Werkstattausrüstung mit dir herumfahren wirst. Das ist Gott sei Dank auch nicht nötig. In vielen Fällen genügen ein paar Kleinigkeiten und ein wenig «gewußt wo».

Dein Auto informiert dich auf vielfältige Weise, wenn irgend etwas mit ihm nicht stimmt. Wir wollen dir erklären, was diese Zeichen bedeuten, und wie du mehr rausfinden kannst, um dir vielleicht selbst helfen zu können.

Kontrollinstrumente

Einige wichtige Teile des Autos haben eigene Kontrollen. Das können Lampen oder Instrumente am Armaturenbrett sein und ist von Auto zu Auto verschieden. Die Bedienungsanleitung sagt dir, was in deinem Auto wozu da ist.

Ölkontrolle

Das Aufleuchten dieser Lampe, oft rot, oder ein Instrument zeigt an, daß der *Druck*, mit dem die Ölpumpe das Öl zu den einzelnen Lagerstellen im Motor preßt, zu *gering* ist; häufig eine Folge niedrigen Ölstandes in der Ölwanne (Ölverlust). Etwas früher kannst du das in Kurven merken. Das Öl unten in der Ölwanne schwappt nach einer Seite, und das Saugrohr der Ölpumpe reicht nicht mehr hinein. Meistens ändert sich dabei auch das Motorgeräusch. Wegen der ungeölten Lager wird es rasseliger. Das ist

immer ein Grund, sofort anzuhalten, weil die trockenen Lager sehr schnell ihren Geist aufgeben. Fast immer wird es genügen, wenn du einen Liter Motoröl nachfüllst, um bis zur nächsten Tankstelle zu kommen. Nur selten wird der Motor das Öl durch ein richtiges Leck losgeworden sein. Du würdest das an größeren Ölmengen unter dem Auto oder im Motorraum sehen. Dann ist eine Reparatur nötig, und du mußt dich zu einer Werkstatt abschleppen lassen.
Kleine Ölverluste sind unvermeidlich. Bei der Schmierung von Kolben und Ventilen gelangt auch immer etwas Öl in den Verbrennungsraum und von dort mit den Abgasen ins Freie. Manche Motoren verlieren auf diese Weise bis zu einem Liter auf tausend Kilometer. Was für dein Auto normal ist, kannst du durch eigene Kontrollen erfahren.

Temperaturkontrolle

Diese Anzeige gibt es bei *wassergekühlten* Motoren. Sie ist für die Temperatur der Kühlflüssigkeit da. Ganz sparsame Autohersteller nehmen dafür dasselbe Lämpchen wie für die Ölkontrolle. Das Kühlwasser kann während langer Bergauf-Fahrten zu heiß werden. Der Motor muß kräftig arbeiten, der Kühler aber kriegt wenig Fahrtwind, weil's langsam geht. Am besten hältst du bei nächster Gelegenheit an und läßt das Ganze abkühlen. Der Motor soll dazu *nicht* abgestellt werden, damit die Wasserpumpe weiter die Kühlflüssigkeit zum Kühler befördert.
Fährst du gerade nicht bergauf, und dein Auto signalisiert dir eine zu hohe Temperatur, so wird das damit zusammenhängen, daß der Kreislauf des Kühlwassers nicht mehr funktioniert (Kühlung defekt). Auch jetzt mußt du anhalten und nachsehen, woran das liegt. Oft ist einfach zu wenig Wasser drin. Die Wasserpumpe, die den Kreislauf aufrechterhält, sitzt oben am Motor. Sie arbeitet beim Absinken des Wasserstandes schnell ins Leere. Bevor du aber den Deckel auf dem Kühler zum Nachsehen aufmachst, laß den *ausgestellten* Motor abkühlen oder sei sehr vorsichtig und schütze deine Hände mit einem Lappen. Alles ist jetzt sehr heiß und steht unter Druck.
Die Deckel sind meist so konstruiert, daß sie erst mal nur ein Stück weit aufgedreht werden können, um in dieser Stellung Dampf aus dem Kühlsystem zu lassen. Damit du ihn ganz aufmachen kannst, mußt du draufdrücken und ein wenig weiterdrehen. Vielleicht brauchst du aber gar nicht in den Kühler reinzusehen, weil dir schon vorher eine tropfende Stelle aufgefallen ist und ein loser Gummischlauch der Übeltäter ist. Die Schläuche sind an ihren Enden mit Schlauchklemmen befestigt. Wenn du Glück hast, kannst du die entsprechende Klemme mit der Zange oder einem Schraubenzieher erreichen, um sie wieder zu spannen. Viele sitzen leider so im Gewirr, daß man kaum an sie rankommt.
Möglicherweise tropft es aber auch aus einem geplatzten Schlauch, einem

Leck im Kühler oder der kaputten Wasserpumpe. Bei so großen Lecks, die du nicht abdichten kannst, hat es wenig Zweck, Wasser nachzufüllen. Du kannst nur mit langen Kühlpausen hundertmeterweise zur nächsten Tankstelle kriechen. Besser jedoch ist es, wenn du dich abschleppen läßt. Der ungekühlte Motor wird leicht zu heiß und seine Reparatur ist teurer als die des ursprünglichen Schadens.
Noch etwas zur *Wasserpumpe*: Sie meldet sich schon einige hundert Kilometer ehe sie undicht wird mit scheppernden, quietschenden oder kreischenden Geräuschen. Kontrollieren kannst du sie, indem du kräftig an ihrer Riemenscheibe ruckelst. Wenn's wackelt, muß sie wahrscheinlich ausgetauscht werden.
Solltest du keine offensichtlichen Lecks finden, reicht es, den Kühler mit Wasser aufzufüllen, langsam und bei laufendem Motor, damit er durch das frische Wasser nicht zu plötzlich kalt wird. Passiert dir dasselbe bald wieder, hast du ein kleineres Leck übersehen und brauchst eine Werkstatt. Sonst mußt du nur noch daran denken, das Wasser im Winter rechtzeitig durch Kühlflüssigkeit mit Frostschutz zu ersetzen.
Ein anderer Grund dafür, daß nicht genügend Wasser zum Kühler kommt, kann der berüchtigte gerissene *Keilriemen* sein. Falls du diesen Schaden selbst beheben willst, benötigst du etwas Werkzeug und einen Ersatzkeilriemen.

Keilriemenwechsel

Für diese Arbeit ist es sehr nützlich, wenn du dir die Geschichte mit dem Keilriemen schon einmal in aller Ruhe angesehen oder ihn sogar selber nachgespannt hast (s. Kap. 3, S. 61). Der Keilriemen läuft über *Riemenscheiben*, von denen eine zum Spannen beweglich angebracht ist. Meistens ist dazu die ganze Lichtmaschine schwenkbar, sobald du ihre Befestigungsschrauben gelöst hast. Eine dicke, lange Schraube liegt parallel zur Achse der Lichtmaschine und oft darunter, eine zweite kleinere Schraube über ihr. Durch die Schwenkung des ganzen Apparats zum Motor hin entsteht genügend Platz, den neuen Riemen um die Scheiben zu legen, eventuell mit dem Schraubenzieher als Hebel und etwas Gewürge. Dann drückst du die Lichtmaschine vom Motor weg, bis der Riemen die richtige Spannung hat und ziehst die Schrauben wieder an. Kontrollier noch mal die Riemenspannung – mit dem Daumen läßt er sich ein bis zwei Zentimeter durchdrücken – und schon kann's weitergehen.
Das erste Mal dauert es vielleicht zwei Stunden, bis du so weit bist. Mit ein bißchen Übung geht es viel schneller. Hoffentlich mußt du nicht zu oft üben. Dann ist wahrscheinlich der Riemen nicht stramm genug gewesen. Er rutscht dann durch und nützt sich schnell ab. Es kann auch daran liegen, daß Wasserpumpe oder Lichtmaschine klemmen. Beide müssen sich leicht und ohne zu ruckeln drehen lassen, was du gut prüfen kannst, wenn

der Keilriemen gerade gerissen ist. Geht's schwer, hilft dir nur noch die Werkstatt.

Ladekontrolle

Das ist endlich mal ein Lämpchen, das keine akute Gefahr für dein Auto anzeigt. Das Aufleuchten der Ladekontrolle während der Fahrt bedeutet nur, daß die Batterie nicht mehr geladen wird (Lichtmaschine lädt nicht). Statt der Lichtmaschine liefert die Batterie jetzt den Strom, den das Auto braucht. Da die Zündanlage des Motors mit wenig auskommt, kannst du noch mehrere Stunden fahren. Jeder andere Verbrauch, wie durch Scheibenwischer, Beleuchtung, Radio oder besonders durch den Anlasser verkürzt natürlich diese Zeit. Ein bis zwei Stunden bleiben dir auch dann.

Trotzdem solltest du möglichst bald nachsehen, was eigentlich los ist. Es ist nicht ausgeschlossen, daß der Keilriemen sehr locker ist und nur nachgespannt werden muß. Oder er ist gerissen. Dann mußt du sicher sein, daß er nicht, außer für die Lichtmaschine, auch noch für den Antrieb der Kühlung da ist. Besonders *luftgekühlte* Motoren überhitzen sich bei Ausfall der Kühlung (Ventilator im Blechgehäuse) sehr schnell, also zuerst Keilriemen prüfen.

Findest du daran nichts, kann ein loser Kontakt der Kabel zwischen Lichtmaschine und Batterie verantwortlich sein. Dazwischen sitzt noch ein kleines schwarzes Kästchen, der *Regler* (siehe Zeichnung Nr. 13, S. 37). Wackel ein wenig an den Kabeln, vielleicht ist hier ein Fehler, oder schon das Wackeln allein stellt den Kontakt wieder her. Besser ist es natürlich, du befestigst lockere Verbindungen neu. Ausgeleierte Stecker drückst du mit der Zange etwas zusammen, damit sie wieder klemmen. Für Kabel, die sich ganz von ihrem Anschluß gelöst haben, gibt es eine provisorische Reparatur. Um den Kupferdraht im Inneren etwa ein bis zwei Zentimeter freizulegen, schneidest du *ohne* den Draht zu verletzen die Isolierung ringsherum durch. Du kannst sie dann wie ein Schlauchstück abziehen. Das blanke Ende wickelst du um die alte Kontaktstelle und sicherst das Ganze mit etwas Isolierband. Zur Not geht's mit Verbandsklebestreifen aus der Autoapotheke.

Es kann auch nützen, mit einem Schraubenzieher auf Regler und Lichtmaschine zu klopfen, damit sich im Regler verklemmte Kontakte oder die Kohlen in der Lichtmaschine lockern.

Bei manchen Autos kommt es vor, daß die Ladekontrolle *gleichzeitig* mit den Bremslichtern oder dem Einschalten anderer Verbraucher angeht. Dieser Fehler hängt oft mit mangelhaftem Kontakt einer Sicherung zusammen und verschwindet, wenn du die Kontaktflächen reinigst.

Selbstverständlich kann die Ladeeinrichtung auch aus anderen Gründen ausfallen. Die Ladekontrolle geht dann aber im allgemeinen nicht mit einem Schlag an, sondern sie flackert zuerst oder geht nur bei niedrigen Drehzahlen des Motors an und wieder aus, wenn du Gas gibst. Ein Lämpchen, das sich so oder ähnlich verhält, deutet auf Fehler hin, die nicht offenliegen (Ausnahme: loser Keilriemen); da ist die Reparatur eher etwas für die Werkstatt. Aber nicht gleich aufgeben! Erst nachdem du dich selbst überzeugt hast, bist du sicher, ob du etwas tun kannst.

Startschwierigkeiten

Falls dein Auto nicht anspringt, mußt du etwas experimentieren, um die Ursache einzukreisen. Achte zunächst darauf, ob der Anlasser wie gewohnt klingt.
Wenn er beim Drehen des Zündschlüssels nur ein klackendes Geräusch von sich gibt oder sich gar nicht rührt, kannst du ihm möglicherweise mit leichten Hammerschlägen – ein dicker Schraubenschlüssel tut's auch – vorübergehend auf die Beine helfen. Auf die Dauer wird er eine Überholung in der Werkstatt brauchen.

Klingt er besonders langsam und mühsam, wie sonst nur im Winter an sehr kalten Tagen, schalte vor dem Anlassen die Innenbeleuchtung ein. Wird sie beim Anlassen des Motors nicht wesentlich dunkler, *klemmt* der Anlasser. Eine Werkstatt muß ihn wieder in Ordnung bringen.
Wird die Innenbeleuchtung dagegen während des Anlassens schnell dunkler oder geht ganz aus, hast du einen anderen Fehler gefunden: etwas Elektrisches! Entweder sind die dicken Kabel, über die der Anlasser

den Strom von der Batterie kriegt, nicht richtig fest, oder die Batterie ist leer. Niedriger Säurestand hat übrigens die gleichen Folgen. Die Batterie wird weder richtig geladen, noch kann sie viel Strom abgeben, weil die Platten nur teilweise in der Säure stehen und aktiv sind. Du kannst jetzt drei Dinge tun: Batterie laden, anschieben oder starten mit einem Starthilfekabel.

Batterie laden

Jede Tankstelle hat ein Ladegerät, mit dem Batterien normal in einem Tag oder schnell in ein bis zwei Stunden geladen werden können; eine Schnelladung jedoch ist nichts für ältere Batterien. Dein Problem ist nur, den schweren Klotz dahin zu kriegen, es sei denn, du hast ein eigenes Ladegerät. Gibt es eine Steckdose in der Nähe deines Autos, brauchst du die Batterie noch nicht einmal auszubauen. Du klemmst die Kabel des Ladegeräts an die Batteriepole, Plus an Plus und Minus an Minus, öffnest die Deckel der Zellen – ist genug Säure drin? – und siehst ab und zu nach, ob sich viele Gasbläschen in der Säure bilden. Das wird mit einem kleinen Ladegerät nach etwa 24 Stunden der Fall sein und bedeutet, daß die Batterie voll ist.

Das Gemisch, das beim Laden entsteht (Wasserstoff und Sauerstoff), ist explosiv. Vorsicht mit Feuer und Funken und gut lüften!

Anschieben

Statt vom Anlasser wird in diesem Fall der Motor über das Getriebe von den Rädern gedreht. Dazu ist der zweite Gang gerade richtig. Also: Während das Auto in Schwung gebracht wird, Zündung einschalten, zweiten Gang einlegen und Kupplung treten. Etwa bei schnellem Fußgängertempo die Kupplung rasch, fast ruckartig loslassen, damit nicht die Kraft des Schiebenden, sondern der Schwung des Autos den Motor in Gang setzt. Laß die Kupplung auf keinen Fall schleifen. Sie wirkt dann als Bremse, und der stärkste Schieber ist überfordert. Wenn der Motor sich muckst, gleich wieder auskuppeln, damit er vom langsamen Auto nicht abgewürgt wird.

Anschieben geht nicht bei Autos mit automatischem Getriebe, es sei denn, die Automatik ist darauf eingerichtet. Das steht in der Betriebsanleitung.

Bei Dieselmotoren muß die Batterie mindestens genug Strom zum Vorglühen liefern.

Starthilfekabel

Die zwei dicken Kabel mit den kräftigen Klemmen an den Enden ermöglichen dir, den Strom, den du zum Anlassen brauchst, aus einer fremden

Batterie zu holen. Zuerst werden die beiden Pluspole der Batterien miteinander verbunden, dann kommt die Minusverbindung. So herum ist es sicherer. Wenn du es in der anderen Reihenfolge machst, und du kommst aus Versehen mit dem einseitig angeschlossenen Pluskabel an die Karosserie, dann gibt es kräftige Funken.
Ist die Verbindung hergestellt, kannst du ganz normal starten. Perfekt wird die Sache dann, wenn der Motor des anderen Autos etwas schneller als im Leerlauf dreht (durch etwas Gas geben). Dessen Lichtmaschine unterstützt auf diese Weise die Batterie. Besonders nützlich ist das, wenn dein Auto einen Dieselmotor hat. Er braucht viel Strom zum Starten.
Deine Batterie wird automatisch geladen, sobald der Motor läuft. Du mußt nur lange genug fahren, ehe du den Motor wieder abstellst, damit du sicher bist, daß ausreichend Strom für einen neuen Start da ist. Das dauert ungefähr eine halbe bis eine Stunde. Um die Batterie ganz voll zu kriegen, mußt du zwischen sechs und zehn Stunden fahren.

Zündanlage defekt

Das merkst du dadurch, daß der Motor nicht anspringt, obwohl der Anlasser munter dreht. Vielleicht genügt ein Blick unter die Motorhaube, und du findest ein *lockeres* Kabel an Verteiler, Zündspule oder Kerzen. Tips, wie du mit solchen Kabeln verfahren kannst, findest du dort, wo sie außerdem als Fehlerursache in Frage kamen, im Abschnitt über das Aufleuchten der Ladekontrolle auf Seite 76f.
Auch *durchgescheuerte* oder angeschmorte *Isolierungen* dieser Kabel wirst du bei deiner Untersuchung leicht entdecken. Manchmal kommen schlecht verlegte Zündkabel mit dem heißen Auspuff in Berührung. Du wickelst etwas Isolierband um die beschädigte Stelle und befestigst das Kabel mit Draht oder Isolierband in gehöriger Entfernung von heißen oder scharfkantigen Stellen.
Oder *Feuchtigkeit* hat deiner Zündanlage den Garaus gemacht. Alle Teile, die Zündspannung führen, sind da äußerst empfindlich. Der Verteilerdeckel und die Stecker der Zündkabel müssen trocken sein, damit sie ausreichend isolieren. Sieh dir den Verteilerdeckel vor allem von innen an. Hier bilden sich bei naßkaltem Wetter winzige Kondensationströpfchen als matter Niederschlag. Mit einem sauberen Lappen kannst du dem abhelfen.
Ein einfacher Test für die richtige Funktion der Zündanlage besteht darin, daß du dir den Zündfunken an einer Kerze ansiehst. Dazu schraubst du eine Kerze heraus und legst sie mit angestecktem Kabel auf das Metall des Motors. Sie soll so liegen, am besten eingeklemmt, daß du ihre Elektroden sehen kannst ohne sie festzuhalten. Festhalten ist eine etwas kitzlige Sache, weil die Zündspannung dir heftige Schläge versetzt, falls sie den Weg über deinen Körper nimmt. Es ist möglich mit gut isoliertem Werk-

zeug, einer Zange oder einem Schraubenzieher mit Plastikgriff. Wenn du so in Sicherheit bist, muß ein Helfer den Motor mit dem Anlasser drehen. Der Funken zwischen den Elektroden der Kerze soll hell, bläulich-weiß und regelmäßig überspringen. Ist er trotz deiner Putzerei dünn, rötlich oder unregelmäßig, stimmt etwas anderes nicht mit deiner Zündanlage, ab in die Werkstatt!

Vergaserprobleme

Dreht der Anlasser den Motor normal durch und hast du die Zündanlage kontrolliert und keinen Fehler gefunden, bleibt als einzige Ursache für die Startschwierigkeiten das *Benzin-Luft-Gemisch.* Dafür ist der Vergaser verantwortlich, und beim Anlassen des kalten Motors besonders die Starteinrichtung. Meistens ist das eine zweite Klappe im Vergaser, zusätzlich zu der zum Gasgeben. Sie verringert die Luftzufuhr, damit der Vergaser dem kalten Motor benzinreicheres Gemisch liefert. Das funktioniert allerdings nur, solange die Gas-Klappe auch geschlossen ist, also kein Gas gegeben wird. Die *Starterklappe* sitzt als oberstes im Vergaser, und du kannst bei abgenommenem Luftfilter nachsehen, ob sie richtig schließt. Wenn sie bei kaltem Motor nicht zu ist, gibt es zwei mögliche Ursachen. Entweder du hast einen Choke-Knopf, und die Verbindung zur Klappe ist lose oder gerissen. Oder du hast einen Automatik-Choke, und da klemmt irgend etwas. Versuch, ob du die Klappe ohne größeren Widerstand zudrücken kannst. Das ist zwar keine Reparatur, aber der Motor wird dann anspringen.
Einige Autos haben eine Starteinrichtung, bei der du oben im Vergaser keine Klappe findest. Die handbediente Sorte hat auf der Außenseite des Vergasers einen Hebel, der sich bewegen müßte, wenn der Choke-Knopf gezogen wird. Du kannst den Hebel diesmal direkt vom Motorraum aus betätigen. Aber auf die Dauer ist das lästig, weil du den Hebel wieder zurückstellen mußt, wenn der Motor warmgelaufen ist.
Nun kann es sein, daß du an die Starteinrichtung nicht herankommst oder nicht weißt, in welche Richtung der Hebel gestellt werden muß. Die Methode, mit der du dann ein benzinreicheres Gemisch für den Kaltstart erzeugen kannst, heißt *pumpen.* Du trittst während des Anlassens und auch noch kurze Zeit, nachdem der Motor angesprungen ist, schnell und immer wieder auf das Gaspedal. Das Gemisch wird benzinreicher, weil die Beschleunigungspumpe im Vergaser bei jedem Gasgeben eine kleine zusätzliche Menge Benzin in den Luftstrom spritzt. Wenn sie auf diese Weise als Starthilfe benutzt wird, schadet es nichts; ihre eigentliche Aufgabe ist, dafür zu sorgen, daß sich der laufende Motor bei plötzlichem Gasgeben nicht aus Benzinmangel verschluckt.

Bedienungsfehler

Der ADAC schreibt, daß bei etwa fünf Prozent aller von ihm gefahrenen Panneneinsätze ein leerer Tank die Ursache für ein ungewolltes Anhalten war. Das waren 1979 immerhin fast 46000 leere Tanks. Leider verschweigt die Statistik diskret, wie vielen Männern dieser angeblich weibliche Fehler unterlaufen ist.
Falls dir das passiert, mußt du den Anlasser ziemlich lange orgeln lassen, ehe das neu eingefüllte Benzin bis zum Vergaser gelangt. Aber egal aus welchem Grund du den Anlasser länger als üblich brauchst, laß ihn *höchstens* zehn Sekunden am Stück arbeiten und gib ihm und der Batterie eine kleine Erholungspause. Zehn Sekunden sind ganz schön lang. Die Pause muß auch nicht länger sein.
Gerade in der Startphase sind Motoren empfindlich in bezug auf die richtige Zusammensetzung des Benzin-Luft-Gemisches. Kalt brauchen sie viel Benzin, warm wird es ihnen leicht zu viel, der Motor ist abgesoffen. Sehen kannst du das dann an einer herausgeschraubten Zündkerze; sie ist naß von Benzin. In hartnäckigen Fällen mußt du alle herausschrauben und abtrocknen. Notwendig ist das jedoch nur, wenn es nichts nützt, den Motor bei ganz durchgetretenem Gaspedal eine Weile drehen zu lassen. Er kriegt dann viel Luft, bläst das überflüssige Benzin selber aus den Verbrennungsräumen und meldet sich mit Anspringen, sobald er das geschafft hat.

Pannen während der Fahrt

Der Plattfuß ist eine der unmißverständlichsten Pannen, die dein Auto während der Fahrt haben kann. Wenn du rumpelige Geräusche hörst, und das Auto nach einer Seite weg will, ist einem deiner Reifen die Luft ausgegangen. Es ist sowieso erstaunlich, was die Gummidinger alles aushalten. Aber schlicht ihr Alter, zu wenig Luftdruck vor allem bei voll

beladenem Auto oder das Holpern über Bordsteinkanten lassen sie undicht werden. Nur selten verlieren sie die Luft mit einem Schlag, eher langsam und buchstäblich über Nacht, so daß du erst an der furchtbar schwergängigen Lenkung oder an unangenehmen Schlingerbewegungen merkst, daß etwas nicht stimmt. Trifft dich die Reifenpanne *bei schneller Fahrt*, so mußt du sehen, daß du dein Auto zum Stehen bringst, ohne daß es von der Spur abkommt. Wichtig ist auskuppeln, nicht bremsen oder höchstens ganz vorsichtig, Lenkrad gut festhalten und ausrollen lassen. Zwar ist es möglich, langsam weiterzufahren, das ist aber schlecht für Reifen und Felgen.

Reifenwechsel

Das ist ganz einfach. Du brauchst einen Radmutternschlüssel, einen Wagenheber und ein Reserverad. Diese drei Dinge gehören zur Ausrüstung jedes Autos, und in der Bedienungsanleitung steht, wo sie sich befinden. Dort müßte auch beschrieben sein, an welchen Stellen der Wagenheber am Auto angesetzt wird und wie du ihn rauf und runter bewegst. Am besten, du lernst dieses Zubehör und dessen Gebrauch kennen, bevor dich ein Plattfuß überrascht. Wagenheber werden in so vielen verschiedenen Ausführungen hergestellt, daß wir dir dazu kaum Tips geben können.

Sechs ‹goldene Regeln› für den Reifenwechsel:

1. Handbremse anziehen und mit Klötzen oder Steinen vor und hinter den Rädern das Auto am Wegrollen hindern.
2. Radmuttern lockern, solange der platte Reifen noch auf dem Boden steht und sich nicht drehen kann.
3. Auto mit Wagenheber anheben und daran ruckeln, um zu prüfen, ob es nicht vom Wagenheber kippt.
4. Radmuttern abschrauben, Rad wechseln und Muttern wieder aufschrauben.
5. Auto ablassen und Muttern festziehen, wenn das Rad auf dem Boden ist.
6. Bei nächster Gelegenheit Luftdruck des neuen Reifens prüfen.

Soweit das Prinzip; in einzelnen Punkten kann es jedoch Schwierigkeiten geben. Oft sind die Radmuttern mit einer *Radkappe* geschützt und nicht ohne weiteres zugänglich. Die Kappe ist entweder in der Mitte mit einer Schraube befestigt oder aufgeklemmt und läßt sich mit einem Schraubenzieher vom Rand her abhebeln.

Vielleicht sind die Radmuttern mit mehr Kraft angezogen, als du zum Lösen aufbringst. Alles Zerren und Stemmen bewegt nichts. Da hilft dir ein Trick: Ein Ende des Radmutternschlüssels steckst du auf eine Mutter, das andere Ende stützt du mit einem Klotz oder dem Wagenheber ab,

damit der Schlüssel waagerecht liegen bleibt. Dann kannst du zum Lösen der Mutter deine Füße und dein ganzes Gewicht einsetzen.
Achte darauf, daß du *richtig* herum drehst. Das ist die Richtung, wie du einen Wasserhahn aufdrehen würdest.

Motorversagen

Ein ganzes Bündel von Fehlern zeigt sich auf eine gleiche oder zumindest ähnliche Weise. Der Motor *stottert*, zieht nicht mehr oder geht ganz aus. Der größte Teil dieser Erscheinungen geht auf das Konto der Zündanlage, und du mußt dich auf die Suche nach losen Kontakten oder kaputten Kabeln machen. Läuft der Motor im Leerlauf zwar stolperig aber doch weiter, liegt es wahrscheinlich an einem Kerzenkabel. Geht er aus, so mußt du eher in der Gegend von Verteiler und Zündspule nachsehen. Genaueres zur Selbsthilfe bei Kabelschwierigkeiten findest du auf Seite 76 und 79.
Im Winter hat auch der Vergaser gelegentlich Probleme, er *vereist* während der Fahrt. Du wirst ihn dann mit einem dicken Eismantel bepackt vorfinden. Das Eis entsteht durch die Verdunstungskälte des Benzins, besonders wenn du die Winterumstellung der Luftzufuhr vergessen hast. Sobald der Motor steht, kein Benzin verbraucht und noch warm ist, schmilzt es von alleine. Eventuell klemmst du zur Sicherheit ein Stück Pappe vor einen Teil der Eintrittsöffnung der Kühlluft. Dann bleibt es im Motorraum wärmer.
Es gibt noch einen anderen Fehler, der einfach durch Warten verschwindet: eine *verstopfte Belüftungsöffnung* des Tanks. Wenn es das ist, wirst du bald wieder stehenbleiben. In der gleichen Menge wie der Motor Ben-

zin verbraucht, muß Luft in den Tank nachströmen. Die Luft kommt entweder durch einen dünnen Schlauch oben am Tankstutzen oder durch ein kleines Loch im Tankdeckel. Setzt sich das mit Dreck zu, dann entsteht im Tank ein Unterdruck, bis der Motor kein Benzin mehr kriegt und stehenbleibt. Wenn du den Tankdeckel aufmachst, hörst du das schnaufende Geräusch der einströmenden Luft. Mit einem Stück Draht kannst du die Luftöffnung freipulen.

Gasgestänge ausgehängt

Dieser Schaden ist schön eindeutig und äußert sich darin, daß der Motor nicht mehr auf das Gaspedal reagiert. Im schlimmsten Fall bleibt der Vergaser in Vollgasstellung hängen, das Auto beschleunigt und der Motor heult auf, sobald du die Kupplung trittst. Am sichersten ist es, das Auto nur durch Bremsen zum Stillstand zu bringen, nicht zu schalten und nicht zu kuppeln. Der Motor wird dabei einfach abgewürgt. Du könntest den Motor auch mit dem Zündschlüssel abstellen. Wenn dabei allerdings das Lenkradschloß einrastet, wird's gefährlich.

Was du tun kannst, um den Schaden zu beheben, hängt sehr von der Art ab, wie Vergaser und Gaspedal miteinander verbunden sind. Vielleicht kannst du die Stelle, die auseinandergegangen ist, mit Draht wieder flikken. Oder eine Feder, die das Gaspedal in die Leerlaufstellung ziehen soll, ist gebrochen, und du behilfst dir mit einem Gummiband. Vielleicht kannst du auch gar nichts tun. Aber du gehörst jetzt zu den Leuten, die mit einem Blick feststellen können: «Aha, Gasgestänge ausgehängt!»

Abschleppen

Bedauerlicherweise rechnen nicht alle Autohersteller damit, daß ihr Produkt fahruntüchtig liegenbleiben könnte und vergessen optimistisch eine Befestigungsöse für das Abschleppseil. Dann mußt du irgendeine Stelle am Vorderteil deines Autos finden, um die du das Abschleppseil schlingen kannst, und die stabil genug ist, auch den ein oder anderen Ruck auszuhalten. Das Lenkgestänge ist dafür sicher nicht das richtige. Die anderen Teile der Radaufhängung können eher geeignet sein, wenn sie sich möglichst wenig bewegen. Das sind Stellen nahe der Karosserie. Bei genügender Vorsicht sind auch die Befestigungsteile der Stoßstange brauchbar, obwohl du aufpassen mußt, daß scharfe Kanten das Abschleppseil nicht durchscheuern. Wenn dein Seil keine Kunststoff- oder Ledermanschetten für diesen Zweck hat, hilft ein Lappen. Das gleiche gilt für die Befestigung am ziehenden Fahrzeug.

Es ist nützlich, mit dessen Fahrer Verständigungszeichen auszumachen, für den Fall, daß du anhalten mußt oder er dir zu schnell fährt. Es ist übel, wenn der vordere Fahrer vergißt, wie dicht du hinter ihm bist und immer schneller wird, ohne daß du etwas machen kannst.

Beim Anfahren muß das Abschleppseil erst mal ganz sachte gestrafft werden, und auch während der Fahrt soll es möglichst nie lose durchhängen. Das ist vor allem deine Aufgabe. Du behältst das Seil immer im Auge und einen Fuß in der Nähe des Bremspedals. Sobald das Seil anfängt durchzuhängen, mußt du bereit sein, es mit *zartem* Bremsen wieder stramm zu ziehen. Einerseits kann sich das lose Seil um Räder oder Achsen wickeln, andererseits entsteht durch zu kräftiges Bremsen ein starker Ruck. Beim Anhalten z. B. vor Ampeln mußt du früher und stärker bremsen als das vordere Auto, damit das Seil gestreckt bleibt.
Viele der Aufmerksamkeitsübungen ersparst du dir mit einer Abschleppstange. Sie hat nur den Nachteil, daß sie teuer ist, und sie ist schlechter zu verstauen. Außerdem wird sie immer an den Stoßstangen befestigt, und das ist nicht bei jedem Auto möglich.

Bordwerkzeug & Material

Damit du nicht alles aus dem Text heraussuchen mußt, wollen wir dir eine Liste der Dinge aufstellen, die für die Selbsthilfe notwendig oder nützlich sind und die du am besten immer dabeihaben solltest.
Motoröl: Es ist gut aber nicht notwendig, das gleiche Öl, das der Motor enthält, zu haben. Ein Liter ist genug.
Keilriemen: Die gibt es in verschiedenen Längen und Breiten. Wenn dein Auto zwei hat, nimm beide passend mit.
Isolierband: Praktisch ist eine kleine Rolle dehnbares Kunststoffisolierband. In den meisten Fällen ist Verbandsklebeband aus der Autoapotheke ein brauchbarer Ersatz.
Draht: Dünner Eisendraht ist zum provisorischen Fixieren loser Teile geeignet. Mehr als einen Meter wirst du kaum brauchen.
Lappen: Der ist immer nützlich, und sei es auch nur, um dir die Hände nach getaner Arbeit abzuwischen.
Abschleppseil: Am angenehmsten ist ein weiches, etwas elastisches Kunstfaserseil. Drahtseile sind hart und widerspenstig. Es gibt auch Abschleppstangen; aber, ob Seil oder Stange, die Befestigungsart muß zu deinem Auto passen.
Andere Ersatzteile: Glühbirnen, Zündkerzen und vor allem ein Unterbrecherkontakt kann die Reparaturzeit erheblich verkürzen, falls die Werkstatt ihn für dein Auto nicht vorrätig hat.
Schraubenzieher: Zwei sind besser als einer, ein großer, den du auch als Hebel benutzen kannst, und ein kleiner für Stellen, an denen der große nicht paßt.
Taschenmesser: Werkzeugläden verkaufen sogenannte Kabelmesser mit Holzgriff und kräftiger Klinge. Die sind richtig.

Kombizange: Mit ihr kannst du Draht abzwicken und kleine Schrauben auch ohne passenden Schlüssel notdürftig anziehen.
Schraubenschlüssel: Du mußt dich erkundigen oder ausprobieren, welche Größen zum Wechseln des Keilriemens nötig sind. Vor allem dafür brauchst du sie.
Zündkerzenschlüssel: Such dir einen aus, mit dem du bei deinem eigenen Auto gut an die Zündkerzen rankommst.

Werkstattgespräche 5

Angenommen, du kennst eine Werkstatt, und bei der ist das so: Du bringst dein Auto hin, ein netter Meister hört sich deine Sorgen an, die Reparatur ist zum ausgemachten Termin erledigt, das Auto wirklich wieder in Ordnung – und das alles, ohne ein Riesenloch in dein Portemonnaie zu reißen –, dann laß dich durch nichts und niemanden beirren, nimm weite Wege und andere Unannehmlichkeiten in Kauf, bleib bei dieser Werkstatt. Du hast eine der immer selteneren erwischt, in der es nicht *nur* ums Geldverdienen geht, sondern auch um die Reparatur von Autos.
Vielleicht hast du aber bisher weniger Glück gehabt, und auch Freunde und Bekannte wissen von keiner so tollen Werkstatt. Dann hängt es im wesentlichen von deiner Aufmerksamkeit und deinen Kenntnissen ab,

wieweit du Scherereien vermeiden und deine Interessen durchsetzen kannst.
Wenig Schwierigkeiten wird es geben, wenn du nur Kleinigkeiten gemacht haben willst, wie Ölwechsel oder Erneuern eines Scheinwerfereinsatzes. Diese Arbeiten sind einfach, unterscheiden sich bei verschiedenen Autotypen nur wenig, und praktisch alle Werkstätten, von der Tankstelle bis zur Reparaturfabrik sind darauf eingerichtet.
Die Übergänge zu Arbeiten, die Spezialwissen oder -werkzeug, besondere Einrichtungen oder seltene Ersatzteile brauchen, sind jedoch fließend. Neben den allgemeinen Werkstätten gibt es Spezialisten für Kühler, Vergaser, Elektrik, Reifen, Karosserie und Lackierung oder für eine bestimmte Automarke. Besonders kleine Werkstätten machen für einige Arbeiten von diesen Spezialisten Gebrauch und bitten dich für diese Bemühungen mehr oder weniger zur Kasse, zusätzlich zu ihrer eigenen Rechnung.
Ein erster Schritt, Problemen aus dem Weg zu gehen, ist, für dich alleine rauszufinden, *was* an deinem Auto kaputt ist. Du mußt nicht wissen, woran irgend etwas liegt. Es genügt, wenn du weißt, worin der Fehler besteht und wann er sich bemerkbar macht. Die *Bedingungen*, unter denen ein Fehler auftritt, sind für die Diagnose wichtig. Wenn z. B. dein Auto schlecht anspringt, spielt möglicherweise das Wetter eine Rolle, ob es ungewöhnlich heiß, feucht oder kalt ist. Dazu kannst du dir merken, was du getan hast, um deinen Motor dennoch in Gang zu kriegen. Gerade so tückische Fehler, die nur dann auftauchen, wenn du mit deinem Auto alleine bist und die prompt verschwunden sind, wenn du sie vorführen willst, kannst du nur überlisten, indem du dir das Drumherum möglichst genau merkst.
Das Wichtigste ist aber, daß du dich mit dem, der dein Auto entgegennimmt, gut verständigen kannst. Das ist die Grundlage für alles weitere.

Jemand, der dich mit technischem Kauderwelsch verwirrt, wird dir kaum wirklich helfen können. Er muß so lange Zeit haben, oder wenigstens so tun, bis du glaubst, daß er weiß, was du getan haben willst. Je genauer er von dir wissen will, was dein Problem ist, und unter welchen Umständen es auftritt (Probefahrt?), desto leichter wird dir die Entscheidung fallen, ob du ihm dein Auto anvertrauen willst. Da er seine Möglichkeiten kennt, wird er dir auch sagen, ob es besser ist, dein Auto gleich zu einem Spezialisten zu bringen, vorausgesetzt, er meint es gut mit deinem Auto und deinem Geldbeutel. Durch so ein Gespräch kannst du am ehesten herausfinden, ob du es mit einem aufmerksamen Mechaniker zu tun hast. Die richten mit wenig Werkzeug oft mehr aus als uninteressierte mit der ganzen Spezialausrüstung.

Erkundige dich, was die Reparatur kosten wird, nicht nur die Arbeitszeit, sondern einschließlich der nötigen Ersatzteile. Wenn sie teuer wird, also etwa über 150 Mark, hast du ein Recht auf einen schriftlichen Kostenvoranschlag. Der kann dir nützen, wenn es wegen der Kosten Streit geben sollte. Eine gewisse Unsicherheit bleibt selbstverständlich immer, besonders bei älteren Autos. Niemand weiß vorher, was beim Auseinandernehmen zum Vorschein kommt. Laß dir in dem Fall sagen, was Demontage und Kontrolle allein kosten und was die eigentliche Reparatur. Du kannst vereinbaren, daß dir die Werkstatt Bescheid sagt, falls der Preis eine bestimmte Grenze überschreitet und dann weiter entscheiden, was gemacht werden soll. Oft gibt es außer der perfekten auch eine einfachere und billigere Art, dein Auto wieder zum Laufen zu bringen. Laß dir die verschiedenen Möglichkeiten erklären.

Eventuell kriegst du den Eindruck, daß du den Werkstattleuten mit deiner Fragerei auf die Nerven gehst. Du täuschst dich da vermutlich auch nicht. Aber schließlich ist es dein Auto, um das es geht, und sie müssen sich an neugierige Frauen erst gewöhnen. Bloß rede ihnen nicht in ihr Fachgebiet rein. Automechaniker sind, wie alle Spezialisten, in der Hinsicht oft überempfindlich und werden sauer, wenn sie ihre Kompetenz angegriffen glauben. Solltest du an ihrer Kompetenz Zweifel haben, geh einfach zu einer anderen Werkstatt und hör dir an, was die zu sagen haben. Überhaupt ist so ein Vergleich ganz gut, besonders, wenn die Kosten bedrohlich hoch werden.

Selbst wenn mit der Verständigung alles geklappt hat, wird es immer mal wieder vorkommen, daß der endgültige Reparaturpreis den Kostenvoranschlag übersteigt. Solange es nicht mehr als 10 bis 15% sind, muß das nicht ungewöhnlich sein. Es kann an Teilen liegen, bei denen nicht feststellbar war, daß sie kaputt sind, solange sie eingebaut waren. Solche Teile solltest du dir zeigen und erklären lassen, was an ihnen kaputt ist, am besten von dem Mechaniker, der sie ausgetauscht hat. Wenn der entscheiden konnte, daß sie nicht mehr brauchbar sind, muß er das auch dir plausibel machen können. Neben der Kontrolle ist das gleichzeitig eine gute Gelegenheit, Kenntnisse über das Innere deines Autos zu sammeln. Je öfter du das machst, desto besser wirst du in Zukunft Bescheid wissen, und es spricht sich in der Werkstatt wohl auch rum, daß du in dieser Hinsicht aufpaßt. Du verhinderst damit vielleicht, daß man dir bei jeder Inspektion Zündkerzen, Unterbrecherkontakt oder andere Teile neu einsetzt, obwohl die alten noch in Ordnung waren.

Wenn du beim Abholen des Autos prüfen willst, ob es keine neuen Beulen beim Werkstattaufenthalt gekriegt hat, und ob alles festgeschraubt worden ist, dann mach das, ehe du vom Werkstattgelände fährst. Solche Sachen sind zwar selten, aber sehr ärgerlich, besonders, falls du das nicht gleich regelst und hinterher noch mal für eine Reparatur bezahlen mußt oder erst nach langer Streiterei festliegt, wer es gewesen ist.

TÜV-Untersuchung 6

Der § 29 der «Straßenverkehrs- und Zulassungsordnung» bringt regelmäßig alle zwei Jahre Unruhe in das Verhältnis zu deinem Auto. Unter den Röntgenblicken eines Sachverständigen muß es beweisen, daß es sich aus eigener Kraft fortbewegen kann, daß Lenkung und Bremsen tadellos funktionieren und daß Hupe, Lampen und Reifen den Vorschriften genügen. Vor kalten Duschen ist man selbst mit jüngeren Autos nicht sicher, und älteren werden oft statt der ersehnten Zulassungsverlängerung Vorschriften für teure Reparaturen mitgegeben.

Für die Untersuchung wirst du gewöhnlich beim örtlichen Technischen Überwachungsverein (TÜV) landen. Dessen Vorgänger wurde vor etwa hundert Jahren von der Industrie gegründet, um Dampfkessel und die damit verbundenen Anlagen auf ihre Sicherheit zu überwachen. Es war

das erste Mal, daß Technik auf so spektakuläre Weise gefährlich war, wie es ein platzender Dampfkessel ist, von der Waffentechnik einmal abgesehen. Im Laufe der Jahre kam die Überwachung von immer mehr Gefahrenquellen hinzu, bis es schließlich auch die privaten Autos erwischte.
Im Falle der Autos will der Staat ein wachsames Auge darauf haben, daß seine motorisierten Bürger nicht wegen technischer Mängel im Straßengraben landen und hat die Überwachung an die Technischen Überwachungsvereine delegiert. Es handelt sich also nicht (außer in Hessen) um eine Behörde mit hoheitlichen Rechten. Trotzdem schlägt die Autorität, die dahintersteht, manchmal durch auf das Verhalten der Prüfer und macht den Umgang mit ihnen unangenehm.

Es gibt auch andere Stellen, die die Prüfung im staatlichen Auftrag abnehmen, z. B. den Deutschen Kraftfahrzeugs-Überwachungsverein (Dekra). Sie läuft aber immer nach dem gleichen Muster ab. Der Sachverständige schreibt einen Untersuchungsbericht in Form eines Formulars, in dem er seine Striche macht, stempelt deinen Fahrzeugschein und klebt eine Plakette mit dem Datum der nächsten Hauptuntersuchung (HU) auf das hintere Nummernschild. Die Plakette hat für jedes Jahr eine andere Farbe, trägt in der Mitte die Jahreszahl und außen herum, durchnumeriert, die Monate. Sie wird so aufgeklebt, daß der Untersuchungsmonat oben steht.
Es lohnt sich kaum, das Auto vor der Prüfung von einer Werkstatt ‹TÜV-fertig› machen zu lassen, um unliebsame Überraschungen zu vermeiden.

So ein Universalauftrag kann fürchterlich ins Geld gehen. Laß es ruhig darauf ankommen, was die Untersuchung ergibt und gib die Beseitigung nur dieser Mängel in Auftrag. Die Nachuntersuchung kostet etwa zehn Mark, und dabei wird nur das geprüft, was vorher mangelhaft war.
Du kannst der Prüfung gelassener entgegensehen, wenn du weißt, worauf es bei ihr eigentlich ankommt, nicht in allen über 150 Prüfungspunkten, aber im Überblick.
Jedes Auto hat eine bedeutend detailliertere Durchsicht hinter sich, bevor es als Neuwagen verkauft werden darf. Die Hersteller schlagen sich dazu mit ganzen Aktenordnern von Vorschriften herum und erhalten dann für einen neuen Autotyp die Typzulassung. Man spart sich so die Kontrolle jedes einzelnen Autos, das das Fließband verläßt. Für jedes wird die Zulassung im Fahrzeugbrief bestätigt. Dort müssen auch alle Umbauten wie Anhängerkupplung, geänderte Auspuffanlage oder breitere Reifen eingetragen werden. Selbst Zubehör wie Nebelrückleuchte oder Holzlenkrad braucht eine eigene Prüfung.
Bei der zweijährlichen Prüfung wird anhand der Fahrgestellnummer geprüft, ob das Auto auch zum Fahrzeugbrief gehört und mit den sonstigen Angaben darin übereinstimmt.
Dann ist das Auto selber dran. Es wird auf Rost und Verschleiß an den kritischen Stellen untersucht.

Der Prüfer sieht nach Rost an den Wänden und Rundungen der Karosserie und kontrolliert die Funktion der Signale und Lampen. Bei den Scheinwerfern kommt es ihm besonders auf die Einstellung an. Das Licht soll nicht zu hoch scheinen, um Entgegenkommende nicht zu blenden.

Wahrscheinlich steht dein Auto bei dieser Prozedur schon über einer Grube, in die der Prüfer klettert, um die Unterseite zu kontrollieren. Die Blechteile des Bodens haben die Aufgabe, Antrieb, Lenkung und Radaufhängung zusammenzuhalten. Der Prüfer klopft mit einem Hammer dagegen und horcht auf den Ton, oder er versucht mit einem Schraubenzieher Löcher in das Blech zu stoßen. Wenn ihm das gelingt, weiß er, daß der Rostfraß den Zusammenhalt geschwächt hat. Unter dem Auto sieht er auch nach Rost an den Bremsleitungen, dazu prüft er Radaufhängung und Lenkung. Er läßt dich am Lenkrad hin- und herdrehen, um zu merken, ob die Gelenke abgenutzt sind.
Falls er am Motor, den Achsen oder den Gelenken Stellen findet, die Öl oder Fett rauslassen, das für die Schmierung verloren ist und die Umwelt verkleckert, ist auch das ein Minuspunkt für dein Auto.
Um die Bremsen zu prüfen, setzt er sich selbst ans Steuer. Auf einem Prüfstand zeigen ihm Instrumente, ob sie stark genug sind und auf beiden Seiten gleichmäßig ziehen. Du könntest leicht ins Schleudern kommen, wenn eine Seite stärker bremst als die andere.
Als letztes folgt eine Messung der Konzentration von Kohlenmonoxyd in den Abgasen des Motors. Dazu benutzt man eine Sonde, die in das Auspuffrohr gesteckt wird.

Im wesentlichen ist es das. Vollständig ist die Liste der Prüfungspunkte in dem Vordruck des Untersuchungsberichts enthalten. Davon kriegst du

nach abgeschlossener Prüfung einen Durchschlag. Nach dem gleichen Formular werden nicht nur Personenkraftwagen kontrolliert, so daß du hier einiges mehr findest, als an deinem Auto dran ist.
Wenn dein Auto nach all diesen Punkten bestanden hat, ist es für die nächsten zwei Jahre ziemlich sicher. Der Prüfer wird kaum etwas durchgehen lassen, von dem er annimmt, daß es vor der nächsten Prüfung kaputtgeht. Und du kannst in der Zwischenzeit selbst entscheiden, welche Reparaturen du wann machen läßt.

Ist ein Auto bei der Prüfung durchgefallen, lautet die lästige Alternative: Reparatur sofort oder keine Zulassung, was für ältere Autos das Ende bedeuten kann. Oft kostet die Reparatur mehr, als das ganze Auto wert ist. Hier in erster Linie liegt die Bedeutung dieser Prüfung für den Gebrauchtwagenkauf, aber das ist das nächste Kapitel.

Gebrauchtwagen prüfen

7

Du wirst beim Durchlesen von Anzeigen für gebrauchte Autos feststellen, daß die Zeit bis zur nächsten TÜV-Prüfung einen bedeutenden Einfluß auf den Preis hat, je mehr, desto älter das Auto ist. Klar, wenn der kritische Termin noch in weiter Ferne liegt, kannst du ein Auto so lange fahren, bis es unter dir zusammenbricht. Es darf dich nur niemand mit der Rostlaube erwischen. Aber abgesehen von dem Sicherheitsrisiko ist es auch kein Vergnügen rumzufahren, ohne zu wissen, was denn nun als nächstes auseinanderfällt, und es macht auch keinen Spaß, ständig nach beunruhigenden Geräuschen zu lauschen. Dein eigenes Auto, das du schon länger kennst, wird dir solche Streiche seltener spielen, es sei denn, es ist sehr alt. Bei einem gebrauchten Wagen kann dir die Zeit, die seit seiner letzten TÜV-Prüfung verstrichen ist, einen ersten Hinweis auf seinen Zustand geben. Genaueres allerdings mußt du selber rausfinden. Wie das geht, wollen wir dir beschreiben.

Rost

Kein Auto hält ewig, und das hängt von verschiedenen Einflüssen ab. Da ist zuerst einmal der Rost, diese bröckelige, braune Schicht, die sich auf allen ungeschützten Eisenteilen unter dem Einfluß von Luftfeuchtigkeit oder Wasser aus dem Eisen bildet. Um das Rosten zu verzögern, überziehen die Autohersteller die Karosserie mit Lack und Unterbodenschutz und sprühen manchmal in die Hohlräume eine Versiegelung. Die Schutzschicht hält Feuchtigkeit und Wasser vom Eisen fern, solange sie unverletzt ist. Beschädigungen der äußeren Lackschicht sind am leichtesten zu sehen und zu beseitigen. Sie sind auch relativ ungefährlich, weil das Wasser auf der Außenseite der Karosserie schnell wieder verdunstet. Aber überall, wo es unbemerkt längere Zeit feucht bleibt, in den Ritzen, wo die Blechteile der Karosserie zusammenstoßen, da rostet es fröhlich, und da

liegt die größere Gefahr. Du siehst davon erst etwas, wenn der Rost sich durch das Blech gefressen hat und außen im Lack Bläschen bildet. Hauptsächlich davon betroffen sind die Kotflügelkanten, die Gegend um Scheinwerfer-, Spiegel- und Antennenbefestigung und die Türunterkanten. Hier kann das Wasser besonders schlecht abfließen oder verdunsten. Auch im Fußraum unter den Matten und unter dem Autoboden an den Rändern entlang liegen gefährdete Stellen, an denen es sich lohnt nachzusehen. Dort wird der Unterbodenschutz durch kleine Steine beschädigt, die von den Reifen hochgeschleudert werden.
Ein besonderes Problem ist der Rost für den Auspuff. Die Abgase des Motors enthalten Wasserdampf und eine geringe Menge Säuren, außerdem sind sie heiß, alles gute Voraussetzungen für die Rostbildung. Die Hersteller wissen das. Deswegen ist die Auspuffanlage meistens leicht auszuwechseln. Aber billig ist das auch nicht. Darum untersuch auch sie auf Rostfraß.
Die Entscheidung, wieviel Rost auch für einen Gebrauchtwagen zuviel ist, wird dir vielleicht schwerfallen. Wenn du Zweifel hast, versuch jemand zur Besichtigung mitzunehmen, der besser Bescheid weiß. Auch manche Kontrollen lassen sich zu zweit leichter durchführen. Auf jeden Fall gibt es wahrscheinlich für jede Roststelle, die du findest, eine, die du nicht gefunden hast, und wenn nicht Teile der Karosserie im Ganzen ausgewechselt werden können, wie die Kotflügel, ist die Reparatur von Rostlöchern mühsam und teuer.
Die einfachste Reparaturmethode besteht darin, die Löcher mit glasfaserverstärktem Kunstharz zu schließen. Möglicherweise gibt es an dem gebrauchten Auto solche Stellen, und du kannst es sehen: Kritisch ist die Verbindung zwischen Blech und Kunstharz. Wird da nicht sehr sorgfältig gearbeitet, fällt nach kurzer Zeit der ganze Flicken wieder ab.
Eine Reparatur mit angeschweißten oder gelöteten Blechteilen ist haltbarer und gibt auch tragenden Teilen der Karosserie ihre Festigkeit zurück. Aber schon ein kleines Loch an einer schwierigen Stelle kann große Geldsummen verschlingen, ehe es geschweißt, geschliffen, gespachtelt, wieder geschliffen, grundiert und lackiert ist. Nur so bist du sicher, daß der Rost da nicht aufs neue Ärger macht.

Verschleiß

Der zweite Autofeind ist der Verschleiß. Er befällt früher oder später alle beweglichen Teile dort, wo sie aufeinanderreiben, vom Kolben bis zum Türscharnier. Seine Fortschritte sind vorwiegend abhängig vom Alter und davon, wie oft das Auto benutzt wurde.
Wenn du den Kilometerstand abliest, kannst du leicht nachrechnen, ob

der ungefähr stimmt. Privat genutzte Autos werden durchschnittlich 15000 Kilometer im Jahr gefahren, gewerblich genutzte zwischen 20000 und 40000. Das Datum der ersten Zulassung findest du im Fahrzeugbrief. Dazu sind dort auch die Vorbesitzer samt Beruf verzeichnet. So kannst du auf die Nutzung schließen.
Sind es viele Vorbesitzer? Weiß der jetzige Besitzer, warum niemand das Auto behalten wollte? Warum will er es los sein? Du mußt schon einen sehr netten Menschen erwischen, um auf diese Fragen ehrliche Antworten zu kriegen. Aber immerhin, einen Versuch ist es wert. Möglicherweise erfährst du so von einem Grund, aus dem du das Auto dann auch nicht mehr haben willst.
Laß dir auf jeden Fall erzählen, ob das Auto Unfälle hinter sich hat und welche größeren Reparaturen in letzter Zeit gemacht worden sind. Meistens wird es darüber noch Rechnungen geben. Immer, wenn nach einem Unfall umfangreichere Instandsetzungsarbeiten nötig geworden sind, besteht die Möglichkeit, daß der Boden für das Zusammenspiel von Lenkung und Rädern nicht mehr die korrekte Form hat. Das Fahrgestell ist verzogen. Mit bloßem Auge ist das nicht zu erkennen. Ein Hinweis können schief abgefahrene Reifen sein. Du mußt in der entsprechenden Rechnung nachsehen, ob dort etwas über die Vermessung des Fahrgestells steht. Erst das schließt diese Fehler mit Sicherheit aus – wenn daraufhin die notwendigen Reparaturen folgten.
Ist das Auto über vier Jahre alt oder mehr als 70000 Kilometer gefahren, mußt du mit Reparaturen an Radaufhängung, Lenkung oder Antrieb (Motor, Getriebe, Achsen) rechnen, es sei denn, da ist grade was dran gemacht worden.
Die Grenzen gelten allerdings nur ungefähr. Im Grund wäre es kein Kunststück, Autos zu bauen, die dreißig oder mehr Jahre halten. Das liegt aber nicht auf der Linie der Wirtschaftsphilosophie der Autoindustrie. Die bauen ihre Autos im allgemeinen für eine Lebensdauer von sechs bis zehn Jahren. Wenn ein Auto mehr als zehn Jahre halten soll, so ist das nur durch äußerst sorgsame Behandlung und Pflege zu erreichen, meistens ist schon eher Schluß.

Radaufhängung, Reifen & Stoßdämpfer

Die Radaufhängung kontrollierst du, indem du dich vor jedes Rad hockst und mit beiden Händen oben am Reifen ruckelst. Bei großen und schweren Autos mußt du sehr kräftig mit Schwung drücken und ziehen. Du merkst sofort, ob es wackelt. Verschlissene Lager und Gelenke fühlen sich ganz anders an als das weiche Nachgeben der Reifen. Wenn's wakkelt, nennt man das «Spiel», und das soll da, wo du mit den Händen angreifst, weniger als zwei Millimeter betragen.

Sieh dir bei dieser Gelegenheit die Reifen gleich mit an. Sind sie gleich (gleiches Fabrikat, gleiche Art) und haben überall mindestens zwei Millimeter Profil? Sonst sind bald neue fällig. Vergiß auch das Reserverad nicht!
Die Stoßdämpfer prüfst du, indem du rhythmisch und mit deinem ganzen Gewicht auf Stoßstange oder Kotflügel drückst. Nickt das Auto mehr als einmal, nachdem du es losgelassen hast, wird es bald neue Stoßdämpfer brauchen.

Lenkung

Dreh am Lenkrad hin und her, wenn die Räder ungefähr in gerader Ausgangsstellung sind und sich gerade nicht bewegen. Das Lenkradschloß muß natürlich offen sein. Am besten stehst du neben dem Auto, um das linke Vorderrad zu beobachten und faßt das Lenkrad durch das geöffnete Fahrerfenster an. Ein Helfer kann dabei das rechte Rad im Auge behalten. Manchmal ist eine Seite eher abgenutzt als die andere. Die Lenkung ist in Ordnung, solange du das Lenkrad nur zwei bis drei Zentimeter drehen kannst, bevor sich die Räder bewegen. Je weniger, desto besser.

Antrieb

Für diese Prüfung ist es gut, wenn das Auto auf einer möglichst ebenen und glatten Unterlage steht. Zunächst legst du den ersten Gang ein. Manchmal geht das schlecht im Stand und du mußt, wie zum Losfahren, den Motor anlassen. Dann dreh den Motor wieder aus, laß aber den ersten Gang drin und mach die Handbremse los. Versuch nun das Auto vorwärts und rückwärts zu schieben. Ein wenig wird es sich bewegen, ehe der Motor deinem Schieben einen Widerstand entgegensetzt. Aber wenn es weiter als zehn bis fünfzehn Zentimeter rollt, ist der Verschleiß des Antriebs schon recht fortgeschritten.

Motor

Am schwierigsten von außen zu beurteilen ist der Zustand des Motors. Bläst er jedoch beim Laufen blaue Wolken aus dem Auspuff, so kannst du sicher sein, daß reichlich Öl in die Verbrennungsräume gerät, und das ist ein deutliches Zeichen für Verschleiß.

Im Motorraum

Auch Verluste von Motoröl auf andere Weise oder von Bremsflüssigkeit deuten auf Abnutzung an den jeweiligen Autoteilen. Wenn du die Flüssigkeitsstände im Motorraum kontrollierst, kannst du auch gleich nach der Batterie sehen. Durch die chemischen Vorgänge in ihrem Innern können sich alte Batterien aufblähen, nicht stark aber sichtbar an ausgebeulten Seitenwänden und hochgedrückten Polen. Eine Batterie gilt mit zwei bis drei Jahren als alt, und das bedeutet Startschwierigkeiten besonders im Winter. Neue kosten zwischen 70 und 150 Mark.

Probefahrt

Nachdem du dich vergewissert hast, daß Türscharniere und Schlösser in Ordnung sind und daß alle Lampen und Signale funktionieren, bleibt noch die Probefahrt. Das ist ein bißchen Nervensache. Du kennst das Auto nicht, der Besitzer sieht dir über die Schulter und du mußt, außer auf das Fahren, auch noch auf allerlei andere Dinge achten. Vielleicht ist der Gedanke beruhigend, daß auch der Verkäufer Grund zur Nervosität hat. Schließlich soll sein Auto sich bewähren.

Stell dir den Fahrersitz und die Spiegel so ein, wie du es brauchst. Obwohl das fremde Auto etwas ungewohnt ist, versuch herauszufinden, ob du dich wohlfühlst hinter dem Steuer. Ist alles übersichtlich und bequem zu erreichen? Laß dir Zeit, bevor du losfährst und tritt währenddessen für ungefähr eine Minute fest auf das Bremspedal. Gibt es in dieser Zeit nach, ist irgendwas an der Bremsanlage undicht. Wenn du den Motor anläßt, achte darauf, ob Lade- und Öldruckkontrolle ordnungsgemäß ausgehen. Andernfalls gibt es Fehler in der elektrischen Anlage beziehungsweise im Ölkreislauf des Motors.

Beim Anfahren ist es wichtig, daß die Kupplung weich faßt, so daß du das Auto ohne Hoppelei in Bewegung bringst. Und immer, wenn du einen neuen Gang einlegst und das Auto in Schwung ist, nimm für kurze Zeit das Gas weg. Bei einem guten Getriebe dürfen die Gänge nicht von alleine rausspringen und es soll auch keine heulenden oder jaulenden Töne von sich geben.

Für eine Bremsprobe auf einem verkehrsarmen, geraden Straßenstück hältst du das Lenkrad ganz locker und trittst bei einer Geschwindigkeit von etwa 50 Kilometern in der Stunde so kräftig auf das Bremspedal, daß die Reifen quietschen. Du mußt so stark bremsen, damit du merken kannst, ob das Auto bei der Probe gradeaus fährt, ohne daß du am Lenkrad nachhilfst. Versuch dasselbe auch mit der Handbremse. Fehler an Bremsbelägen, Bremstrommeln oder -scheiben, Radbremszylindern und den Übertragungsteilen der Handbremse würden sich in einer Tendenz zum Kurvenfahren äußern.

Preis

Du siehst, es ist eine ganze Menge, was du prüfen kannst, ohne das Auto zu demontieren. Am Ende des Kapitels findest du eine Liste, in der du die Ergebnisse aller Kontrollen festhalten kannst. Am besten fährst du mit dieser Liste und dem Auto zu einer Werkstatt, um dich zu erkundigen, welche Reparaturen unbedingt gemacht werden müssen, und was sie kosten. Das wird sicher Fehler an Lenkung, Bremsen und Beleuchtung betreffen. Wenn die versagen, kann es lebensgefährlich werden, während du mit einem schlechten Getriebe oder schlappen Motor eher zurechtkommen kannst.
Aber selbst wenn du für einen Werkstattbesuch keine Zeit hast oder der Besitzer das Auto wegen anderer Interessenten nicht so lange aus der Hand geben will, ist immer noch sicher: je weniger du gefunden hast, desto besser für das Auto; alles dagegen, was du gefunden hast, kann dir bei der Preisverhandlung nützen.
Bei sehr neuen Autos ist dein Verhandlungsspielraum eher klein. Es wird auch keine wesentlichen Unterschiede im Zustand gleichaltriger Autos geben. Rost oder Verschleiß haben zu wenig Zeit gehabt, größere Schäden anzurichten. Geht es dagegen über zwei, drei Jahre hinaus, so gibt es Unterschiede und entsprechend weiter können die Preise auseinanderliegen. Zwischen welchen Grenzen sich der Preis für ein gebrauchtes Auto üblicherweise bewegt, kannst du der Tabelle entnehmen.

Alter in Jahren	Preis in % vom Neupreis
1	80 bis 65
2	65 bis 50
3	55 bis 35
4	45 bis 25
5	40 bis 15

Checkliste

Rost:	Kotflügelkanten	
	Scheinwerferbefestigung	
	Spiegelbefestigung	
	Antennenbefestigung	
	Türkanten	
	Fußraum unter Matten	
	Auspuff	
	Unfälle	
	Reparaturen	
Verschleiß:	Radaufhängung	
	Reifen	
	Stoßdämpfer	
	Lenkung	
	Antrieb	
	Qualm	
Motorraum:	Motorölstand	
	Bremsflüssigkeitsstand	
	Batterie	
	Türschaniere	
	Türschlösser	

Lampen:	Rücklichter	
	Bremslichter	
	Rückfahrscheinwerfer	
	Scheinwerfer	
	Zusatzlampen	
	Blinker	
	Hupe	

Probefahrt:	Bremse undicht	
	Ladekontrolle	
	Öldruckkontrolle	
	Kupplung	
	Gänge	
	Bremse zieht nach rechts	
	links	
	Handbremse	

Lexikon für «Kfz-chinesisch»

Abschmieren
Gelenke und Lagerstellen fetten oder ölen.

Anhalteweg
Das ist die Strecke, die du mit deinem Auto vom Erkennen eines Hindernisses bis zum Stillstand brauchst. Zum Bremsweg kommt noch deine Reaktionszeit hinzu.

Anlaßdrehzahl
Die Drehzahl, auf die der Motor mit Hilfe des Anlassers, einer Kurbel oder durch Anschieben kommen muß, damit er die ersten Zündungen macht und von alleine weiterläuft.

Auswuchten
Ein unrund laufendes Rad wird ausgewuchtet, indem das Übergewicht an einer Stelle des Rades mit kleinen Bleigewichten an der gegenüberliegenden Seite der Felge ausgeglichen wird. Werkstätten haben einen Spezialapparat, um herauszufinden, ob die Räder rund laufen und wo die Gewichte hinkommen.

Bodenfreiheit
Kennst du die Bodenfreiheit deines Autos, weißt du, wie groß ein Stein höchstens sein darf, um drüberzufahren ohne anzustoßen.

Bolzen
Du kannst alles, was länglich, rund und aus Metall ist, Bolzen nennen. Es muß eine wie auch immer geartete Verbindung herstellen und darf nicht zu klein sein. Sonst ist es allenfalls ein Bölzchen.

Bremsfading
Bremsbeläge, die von längerem Bremsen sehr heiß geworden sind, verlieren an Reibkraft und bremsen schlechter. Das gibt sich nach dem Abkühlen.

Bremskraftverstärker →*Servobremse*

Bremspedalspiel
Bezeichnet die Strecke, die du das Bremspedal treten kannst, ehe es den Kolben im Hauptbremszylinder bewegt und garantiert, daß die Bremsbeläge bei losgelassenem Bremspedal nicht schleifen. (→*Spiel*)

Choke
Kurz und fachmännisch für die Starteinrichtung am Vergaser.

Drehmomentschlüssel
Dient dazu, die beim Anziehen von Schrauben angewandte Kraft zu messen. Das ist wichtig für hochbeanspruchte Schrauben, z. B. die des Zylinderkopfes.

Drehzahl
Ist eine Zahl, die angibt, wie oft sich etwas pro Minute dreht, z. B. die Kurbelwelle des Motors.

Drosselklappe
Das ist der Teil des Vergasers, mit dem du Gas gibst. Sie öffnet sich beim Gasgeben, der Motor kann mehr Benzin-Luft-Gemisch ansaugen und die Motorleistung wird höher. Umgekehrt, beim Gaswegnehmen, drosselt sie die Luftzufuhr und damit die Leistung des Motors.

Einfahren
Die beweglichen Teile eines neuen Autos müssen sich erst an die von ihnen verlangten Leistungen gewöhnen, sie müssen sich genau zueinander passend abarbeiten. Deshalb haben viele Motoren die ersten 2000 bis 3000 Kilometer Schonzeit. Die Gänge dürfen nicht voll ausgefahren werden und auch Bergauffahrten in niedrigen Drehzahlen sind zu vermeiden. Heute gibt es Bearbeitungsverfahren für Lager, Kolben und Zylinder, die das Einfahren verzichtbar machen.

Einzelradaufhängung
Jedes Rad kann unabhängig vom anderen Federbewegungen ausführen, anders als bei der →*Starrachse*.

Elektromotor
Er bringt eine Drehbewegung zustande, indem er statt Benzin Strom frißt. Der wichtigste im Auto ist der Anlasser, im Prinzip gleich denen in Küchenmixis, Waschmaschinen, Föns oder elektrischen Kaffeemühlen.

Entdröhnungssatz
Wenn dir der dröhnende Krach beim Fahren auf die Nerven geht, kannst du mit einem für deinen Autotyp zugeschnittenen Entdröhnungssatz abhelfen. Filz- oder Bitumenplatten werden auf die Blechflächen der Karosserie geklebt, um den Krach der Vibrationen einzudämmen.

Fehlzündung
Verbrennung von Benzin-Luft-Gemisch zum falschen Zeitpunkt oder am falschen Ort. Du merkst das am Knallen im Auspuff oder Patschen im Vergaser, häufig bei →*Schiebebetrieb*.

Fettpresse
Mit ihr wird beim →*Abschmieren* unter hohem Druck Fett in die Lager gepreßt.

Fliehkraftkupplung
Kupplung, die ab einer bestimmten Motordrehzahl ein- und darunter auskuppelt. Die alten 2CV's hatten diese Kupplung. Man braucht beim Anfahren und Stehenbleiben nicht kuppeln, nur beim Gangwechsel.

Fühlerlehre

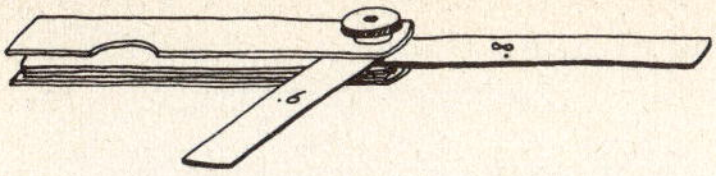

Dient zur genauen Feststellung des Abstandes zweier Teile. Die Dicke der herausgeklappten Zunge, die zwischen die Teile paßt, gibt den Abstand an.

Gabelringschlüssel

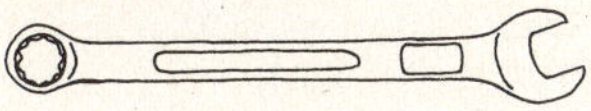

Der Name bezieht sich auf die Form der Enden des Schlüssels, die auf die entsprechende Schraube oder Mutter passen.

Gelenkwelle
Im Auto findet man sie zwischen Rädern und Getriebe. Sie übertragen die Drehbewegung, ohne daß die Verbindung zwischen beiden starr sein muß.

Gemisch, fettes und mageres
Motoren verbrennen ein Gemisch aus Treibstoff und Luft. So kommen z. B. auf ein Kilogramm Benzin 15 Kilogramm Luft. Fett ist ein Gemisch mit mehr Benzin, mager mit weniger.

Glühzündung
Kommt in der Regel nur in Dieselmotoren vor, manchmal aber auch in Benzinmotoren, wenn sich das Benzin-Luft-Gemisch an glühenden Rückständen im Verbrennungsraum entzündet. Der Motor «dieselt nach», trotz abgestellter Zündung. Oft hilft eine schnelle, längere Fahrt, bei der der Motor die →*Selbstreinigungstemperatur* erreicht.

Gripzange

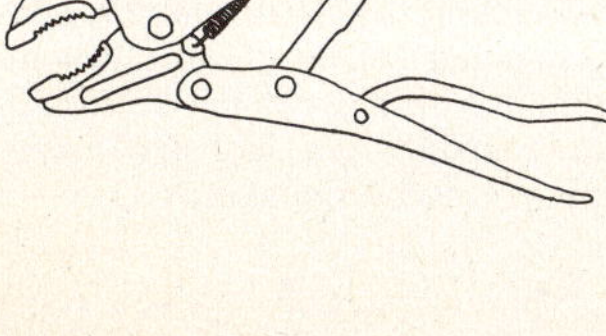

Das Besondere an dieser Zange ist, daß sie sich von alleine festhält, wenn sie einmal zugedrückt wurde. Zum Aufmachen hat sie einen Extrahebel.

Haftgrenze
Fährst du mit zu hoher Geschwindigkeit in eine Kurve und fängst an zu fliegen, haben deine Reifen die Haftgrenze leider überschritten.

Halogenlampen
Sie sind langlebiger und bei gleichem Stromverbrauch heller als übliche Glühlampen. Zu fast jedem Auto gibt es heute typgeprüfte Scheinwerfereinsätze für Halogenlampen.

Hochtourig
Hohe Drehzahl (Tourenzahl), die der Motor kriegt, wenn du z. B. in der Hektik des Verkehrsgewühls dein Auto beschleunigst und vergißt, in einen höheren Gang zu schalten. Ist der Motor überfordert, wehrt er sich mit lautstarkem Gejaule.

Hohlraumversiegelung
In die konstruktionsbedingten Hohlräume der Karosserie wird unter hohem Druck ein Rostschutzmittel gesprüht, das wasserabstoßend die Hohlräume bis in die kleinsten Ritzen auskleidet. Das wird meistens vom Werk serienmäßig gemacht, muß aber später wiederholt werden, damit es auf Dauer nützt.

Holm
Hohles Blechteil der Karosserie mit tragender Funktion. Rostet gerne durch und gibt damit dem TÜV ein Argument gegen die weitere Zulassung des Autos.

Hubraumleistung
Für Anhänger des Motorsports ein ausschlaggebendes Maß. Es gibt an, wieviel Kraft die Konstrukteure aus jedem Liter Hubraum gekitzelt haben.

Inbusschlüssel

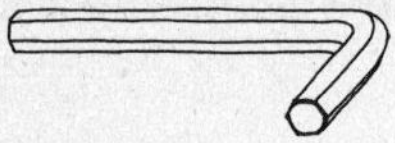

Dient zum Drehen von Schrauben, die den Sechskant innen haben.

Kabelbrand
Scheußliche Panne, die sich durch stechenden Geruch verkohlender Kabelisolierung bemerkbar macht. Sofortmaßnahmen sind: Motor ausstellen und Batterie abklemmen, erst dann Flammen mit Lappen oder Feuerlöscher ersticken. Die Suche nach der Ursache und die Reparatur ist auch für Fachleute nicht einfach.

Kabelschuh
Klemmt auf den Enden jedes Kabels, das irgendwo kontaktsicher angeschraubt oder -gesteckt werden soll.

Kaltstart
Jeder Kaltstart zehrt am Leben deines Motors mehr als viele Kilometer Fahrt. So richtig läuft er erst, wenn er warm ist. Sonst sind Schmierung und Verbrennung ungenügend.

Kickdown
Einem Auto mit automatischem Getriebe kannst du durch heftiges Durchtreten des Gaspedals, dem Kickdown, klarmachen, daß es jetzt in einen niedrigeren Gang schalten soll, z. B. beim Beschleunigen zum Überholen.

Klingeln →*Klopfen*

Klopfen
Mit falsch eingestellter Zündung oder ungeeignetem Benzin (→*Oktanzahl*) meldet sich der Motor, vor allem beim Beschleunigen aus niedrigen Drehzahlen, mit harten, metallischen Tönen (daher auch der Name ‹klingeln›). Das Geräusch bedeutet sehr hohe Beanspruchung der Motorlager bei gleichzeitig geringerer Leistung.

Knarre

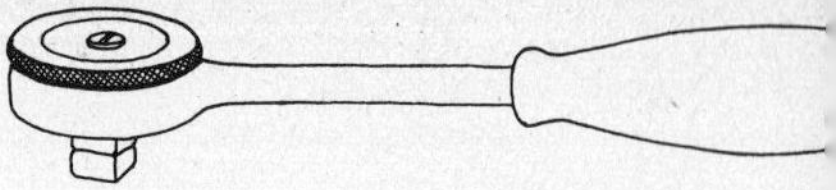

Der vierkantige Ansatz für die →*Nüsse* wird in nur einer wählbaren Richtung vom Griff mitgedreht. Die Nuß braucht beim Zurückdrehen des Griffes nicht von der Schraube abgenommen zu werden. Beim Zurückdrehen macht die Knarre ein knackendes Geräusch und heißt darum auch Ratsche.

Kolbenfresser
So unangenehm wie sein Name! Sollte aus irgendwelchen Gründen zu wenig Öl zwischen Kolben und Zylinderwänden sein, frißt sich der Kolben im Zylinder fest. Solche Motoren sind nur durch eine Generalüberholung zu retten.

Kompression
Das ist der Druck, unter dem das Benzin-Luft-Gemisch nach der Aufwärtsbewegung des Kolbens und vor der Zündung steht. Kompressionsmessung gibt Aufschluß über den Zustand von Ventilen, Zylindern und Kolben.

Kondensator
Kondensatoren sind Teile in der elektrischen Anlage des Autos. Im Zusammenhang mit Reparaturen ist am häufigsten von dem Kondensator die Rede, der die Funkenbildung am Unterbrecherkontakt verhindert. Ist er kaputt, verbruzzeln die Kontaktflächen und der Zündfunken an den Zündkerzen ist schwach. Meistens sitzt er außen am Verteilergehäuse und sieht aus wie ein kleines silbriges Döschen.

Knautschzone
Knautschzonen sind die Front- und Heckpartien des Autos. Sie knautschen sich bei einem Unfall zusammen und fangen so einen Teil der Aufprallwucht ab. Sie bilden zusammen mit der stabilen Fahrgastzelle ein Konstruktionsmerkmal von Sicherheitskarosserien.

Kreiskolbenmotor
Eleganter als übliche Motoren, in denen sich verschiedene Teile auf und ab bewegen, erzeugt ein Kreiskolbenmotor die Drehung der Kurbelwelle durch Rotation eines Kolbens. Der berühmteste dieser Art heißt nach seinem Erfinder Wankelmotor. Trotz ihrer Vorteile erreichen sie noch nicht die Zuverlässigkeit der ausgereifteren Hubkolbenmotoren.

Kriechfunken
Funken, der an einer Oberfläche, etwa der feuchten Innenseite des Verteilerdeckels, entlangkriecht. Er hinterläßt in Kunststoff verkohlte Spuren, die dann auch ohne Feuchtigkeit leiten und Kurzschlüsse machen.

Kupplungsspiel
Es bezeichnet die Strecke, die du das Kupplungspedal treten kannst, ehe der Widerstand der Kupplung spürbar wird.

Kurzhubmotor
Die Strecke, die seine Kolben bei der Auf- und Abwärtsbewegung im Zylinder zurücklegen (Hub) ist kürzer als der Innendurchmesser der Zylinder (Bohrung).

Langhubmotor
Die Strecke, die seine Kolben bei der Auf- und Abwärtsbewegung im Zylinder zurücklegen (Hub) ist länger als der Innendurchmesser der Zylinder (Bohrung).

Latsch
Das ist die Fläche, mit der der Autoreifen auf die Straße latscht.

Lenkhilfe →*Servolenkung*

Lenkungsspiel
Es betrifft die Verbindung von Lenkrad und Vorderrädern. Wenn sich das Lenkrad mehr als ein bis zwei Zentimeter hin- und herbewegen läßt, ehe die Vorderräder darauf reagieren, ist es zu groß.

Magnetschalter
Er sitzt am Anlasser, kuppelt dessen Zahnrad an den Motor und schließt dann den Kontakt zwischen Batterie und Anlasser, wenn du den Zündschlüssel zum Anlassen herumdrehst.

Mehrbereichskerze
Das ist eine Edelzündkerze, deren Mittelelektrode aus Edelstahl besteht, damit sie in einem weiten Temperaturbereich funktioniert. Die meisten Motoren kommen gut ohne dieses teure Stück aus.

Motorwäsche
Ein sauberer Motor erleichtert Wartungsarbeiten und besonders die Suche nach Öllecks sehr. Viele Tankstellen haben ein Gerät, das heißes Wasser mit Reinigungsmittel unter hohem Druck auf den Motor spritzt. Danach sieht er fast wie neu aus. Aber Vorsicht: Das Wasser kommt auch an Kerzenstecker und Verteilerdeckel. Erst trocknen, dann starten.

Nockenwelle
Dreht sich im Inneren des Motors und steuert mit ihren Höckern (Nocken) das Öffnen und Schließen der Ventile.

Nuß

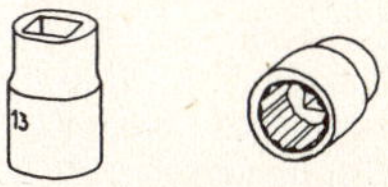

Mit einer Seite paßt sie auf den Vierkant einer →*Knarre*, mit der anderen auf eine Mutter oder Schraube.

Nylonstoppmutter
Ein Nyloneinsatz in dieser Mutter stoppt unbeabsichtigtes Losdrehen, etwa durch Erschütterungen. Nylonstoppmuttern können nicht mehrmals verwendet werden.

Oktanzahl (OZ)
Das ist eine Meßzahl für die Qualität (Klopffestigkeit) von Benzin. Je niedri-

ger die Zahl ist, desto niedriger ist die Klopffestigkeit. Sie hängt mit der Höhe der Temperatur zusammen, bei der sich der entsprechende Kraftstoff selbst entzündet. In der Bundesrepublik hat Normalbenzin 92 bis 94 OZ, Super 98 bis 100 OZ.

Öldruck
Der Druck, mit dem die Ölpumpe das Öl zu den Schmierstellen im Motor befördert. Er wird mit einer Lampe oder einem Instrument am Armaturenbrett angezeigt.

Overdrive
Sein Name klingt so, als brächte er dem Auto das Fliegen bei. Er ist aber schlicht ein zusätzliches Getriebeteil, das ohne Kupplungsbetätigung eingeschaltet werden kann. Die Übersetzung zwischen Motor und Antriebsrädern wird so verändert, daß der Motor sich trotz gleicher Fahrgeschwindigkeit langsamer dreht. Er verbraucht dabei weniger Benzin und wird geschont (deshalb auch Schongang).

Quadratischer Motor
Das hat nichts mit der äußeren Form zu tun (→*Kurzhubmotor*).

Relais
Das ist ein elektromagnetischer Schalter. Will man einen großen Stromverbraucher an- und ausschalten, so muß der Schalter entsprechend dimensioniert sein, um nicht zu verschmoren, und auch die Kabel, ausgehend von der Stromquelle über den Schalter zum Verbraucher und zurück, müssen dick genug sein. Diesen Aufwand umgeht man mit einem ‹fernbedienten› Schalter, dem Relais. Es stellt zwischen Stromquelle und Verbraucher eine Verbindung her, ohne dazu selbst viel Strom zu benötigen. Der handbediente Schalter kann klein und die Drähte zum Relais dünner sein.

Ringschlüssel

Rollwiderstand
Stell dir ein Spielzeugauto mit Gummireifen auf einem Tisch vor. An dem Auto ist vorne eine Schnur angebracht, die über die Tischkante runterhängt. Befestigst du jetzt ein Gewicht an dem Schnurende, rollt das Auto zur Tischkante. Auf einem glatten Tisch brauchst du nur ein kleines Gewicht. Streust du Sand auf die Rollbahn, muß das Gewicht größer sein. Auch die Reifenbeschaffenheit spielt dabei eine Rolle: weiche, wenig aufgeblasene Reifen brauchen mehr Kraft als steife, voll aufgepumpte. So kommt es, daß dein Auto auf Feldwegen mehr Benzin verbraucht als auf einer glatten Asphalt- oder Betonfahrbahn.

Runderneuerung
Das wird bei Reifen gemacht, deren Profil abgefahren ist, wenn der Rest noch in Ordnung ist. Sie kriegen eine neue Laufsohle. Runderneuerte Reifen sind billiger und im allgemeinen genauso sicher wie ganz neue.

Schaltplan
Das ist eine schematische Darstellung einer elektrischen Anlage, z. B. der eines Autos. Normalerweise ist in jeder Bedienungsanleitung ein Schaltplan enthalten. Er erleichtert dem Profi die Fehlersuche oder den richtigen Einbau von Zubehör, wie Autoradio, Nebelscheinwerfer usw.

Schiebebetrieb
Nicht der Motor zieht das Auto, sondern das Auto dreht den Motor, z. B. beim Gaswegnehmen oder Bergabfahren.

Schlauchklemme

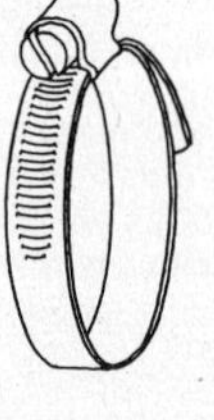

Schlüsselweite
Das ist eine Größenangabe für Schraubenköpfe, Muttern und die dazu passenden Schraubenschlüssel, in Europa im allgemeinen in Millimetern. Sie gibt den Abstand zweier gegenüberliegender Flächen der sechskantigen Muttern oder Schraubenköpfe an.

Schmiernippel

Sie dienen zum Fetten von Gelenken und bilden einen passenden Anschluß für eine →*Fettpresse*. Heutzutage sind sie an Autos wenig gebräuchlich, da die meisten Lager mit einer Dauerfettfüllung versehen sind.

Schwimmer
Er ist ein Teil des Vergasers und reguliert die Benzinzufuhr zum Vergaser je nach Verbrauch. Er schwimmt in einem Benzinvorratsbehälter (Schwimmerkammer) des Vergasers und läßt Benzin nachströmen, wenn das Niveau sinkt.

Securitglas
Das ist vorgespanntes Sicherheitsglas. Es zerfällt beim Bruch in viele kleine Krümel; sie sind ungefährlicher als spitze Scherben.

Selbstreinigungstemperatur
Temperatur (ca. 500–580° C) in den Verbrennungsräumen, über der das Benzin-Luft-Gemisch und Ölspuren rückstandsfrei verbrennen. Unter dieser Temperatur bleiben Ruß und Ölkohle übrig.

Servolenkung & Servobremsen
Hilfsaggregate (Lenkhydraulik, Bremskraftverstärker) übernehmen einen Teil der Kraft, die das Auto beim Lenken oder Bremsen braucht.

Spannungsprüfer
Er zeigt durch Aufleuchten eines Lämpchens, ob die Punkte, an die er angeschlossen wird, Spannung führen. Im Prinzip ein Glühlämpchen mit Drähten, meist in einen kleinen Schraubenzieher eingebaut.

Spannungsregler
Auch kurz Regler genannt. Er arbeitet mit der Lichtmaschine zusammen, damit die bei hohen Drehzahlen keine zu hohe Spannung erzeugt.

Spezifisches Gewicht
Es gibt an, wieviel ein cm^3 irgendeines Materials wiegt.

Spoiler
Einige Autofahrer haben den Eindruck, daß die Luftströmung an der serienmäßigen Karosserie ihres Autos für ihren rasanten Fahrstil nicht gut genug ist. Kunststoffteile unter der vorderen Stoßstange oder am Heck sollen das verbessern. Ganz sicher nützen solche Anbauten als Windabweiser auf dem Dach des ziehenden Fahrzeugs bei Gespannen (Auto mit Wohnwagen, Sattelschlepper).

Spurstange
Verbindungsstange zwischen den beiden Vorderrädern, die diese auch beim Lenken in der richtigen Stellung zueinander hält.

Standgas
Minimale Menge an Benzin-Luft-Gemisch, mit der ein Motor gleichmäßig läuft. Das ist die Menge, die der Vergaser im Leerlauf liefert.

Starrachse
Hierbei laufen die Vorder- und/oder Hinterräder auf einer starren Achse, die ihrerseits federnd mit dem Auto verbunden ist. Dadurch macht ein Rad teilweise die Federbewegungen des anderen mit. Üblicher ist heute die Einzelradaufhängung.

Sturz, positiver oder negativer
Mit positivem Sturz stehen die Räder eines Autos o-beinig, mit negativem x-beinig. Der Sturz beeinflußt das Lenkverhalten des Autos und die Reifenabnutzung.

Synchronisation
Getriebeteile, die beim Schalten ineinander einrasten sollen, werden durch die Synchronisation auf gleiche Drehzahl gebracht.

Thermostat
Er regelt den Zufluß von Kühlflüssigkeit zum Kühler, je nachdem, ob der Motor viel oder wenig Wärme erzeugt.

Transistorzündanlage
Statt vom Unterbrecherkontakt direkt wird die Spannung für die Zündspule elektronisch mit einem Transistor geschaltet. Das verlängert die Lebensdauer des Unterbrecherkontakts und kann den Benzinverbrauch etwas senken. Einige Hersteller sind dazu übergegangen, auch den Unterbrecherkontakt durch Elektronik zu ersetzen (kontaktlose Zündanlage).

Über- und Untersteuern
Jagst du dein Auto durch eine Kurve und es rutscht zuerst mit dem schwereren Heck nach außen, so übersteuert es. Der Bogen, den es fährt, wird kleiner, weil es sich in die Kurve hineindreht. Umgekehrt wird der Bogen größer, wenn der Bug schwerer ist und zuerst nach außen drängt: es untersteuert.

Unterbrecherkontaktabstand
Der Unterbrecherkontakt, das kleine, für guten Motorlauf so entscheidende Ding im Verteilergehäuse, braucht in geöffnetem Zustand einen Abstand von 0,4 mm zwischen seinen Kontaktflächen. Nur dann haben die Zeiten, die er geschlossen und geöffnet ist, die richtige Dauer.

Untertourig
Fährst du mit einer Geschwindigkeit, die für den eingelegten Gang zu niedrig ist und willst beschleunigen, ist der Motor überfordert. Er ist schwach und verrichtet nur noch stolpernd seine Arbeit.

Variomaticgetriebe
Dieser Name bezeichnet ein bestimmtes automatisches Getriebe, das sich stufenlos, also ohne Gänge, der jeweiligen Drehzahl des Motors anpaßt.

Ventile
Es gibt sie beim Auto unter anderem an den Reifen und am Zylinderkopf. ‹Ventil› ist der Ausdruck für eine Vorrichtung, das einen Durchgang öffnet und schließt.

Ventilspiel
Das ist der Spielraum in den Übertragungsteilen der Ventilsteuerung. Er dient dazu, Wärmedehnung auszugleichen und muß regelmäßig kontrolliert und gegebenenfalls nachgestellt werden.

Verbundglas
Meistens wird dieses dreischichtige Sicherheitsglas für Frontscheiben verwendet. Eine zähe Kunststoffolie ist zwischen zwei Glasscheiben geklebt. Gibt es Scherben, bleiben diese auf der Folie kleben und fliegen nicht im Wageninneren herum.

Verdichtungsraum
Der Verdichtungsraum ist das Volumen des Verbrennungsraums. Auf dieses Volumen verdichtet der Kolben bei seiner Aufwärtsbewegung das Benzin-Luft-Gemisch.

Wärmetauscher
Der Kühler z. B. ist ein Wärmetauscher. Über ihn gibt das heiße Kühlwasser seine Wärme an die Luft ab, ohne daß Wasser und Luft miteinander in Berührung kommen.

Wärmewert
Maßzahl für die Fähigkeit einer Zündkerze, die an ihrem unteren Ende entstehende Verbrennungswärme über ih-

re Verschraubung an den Zylinderkopf abzugeben. Zu kleiner Wärmewert: Kerze wird zu heiß und verbrennt. Zu hoher Wärmewert: Kerze bleibt zu kalt und verrußt.

Welle
Techniker machen einen feinen Unterschied zwischen Wellen und Achsen. Während Achsen Räder nur tragen, überträgt eine Welle auch die Drehbewegung.

Wendekreis
Das ist der kleinste Kreis, den ein Auto z. B. zwischen zwei Bordsteinkanten fahren kann. Er ist oft rechts- und linksherum verschieden groß.

Zündzeitpunkt einstellen
Das geschieht am Unterbrecherkontakt im Verteilergehäuse. Der nach der Zündung entstehende Verbrennungsdruck soll den Kolben kurz nach Überschreiten seiner höchsten Stellung erwischen. Zu früh oder zu spät bedeutet Kraftverlust und damit höheren Benzinverbrauch, manchmal auch Motorschäden.

Zweitaktmotor
Er trägt diesen Namen nicht ganz zu Recht. Auch er läßt keinen der vier Takte des Verbrennungsmotors aus, aber bei ihm sind sie auf eine Kurbelwellenumdrehung zusammengedrängt. Der Viertaktmotor macht dazu zwei Kurbelwellenumdrehungen.

Zwischengas
Ein Auto mit defekter oder nicht vorhandener Synchronisation kann nur mit Zwischengas runtergeschaltet werden, wenn man nicht krachende Gänge in Kauf nimmt. Es geht so: Gang rausnehmen, Kupplung loslassen, Gas geben, Kupplung treten und nächst niedrigeren Gang einlegen. Wenn's nicht gekracht hat, war's perfekt!

Zylinderkopfdichtung
Die Flächen, mit denen Zylinderkopf und Zylinder aufeinandergeschraubt sind, haben bei wassergekühlten Motoren Löcher wie ein Schweizer Käse. Hier hat die Zylinderkopfdichtung ihren Platz und dichtet die Durchgänge für Kühlwasser und Öl gegeneinander und gegenüber dem Verbrennungsraum ab.

Register

Die Liedermacher

Franz-Josef Degenhardt

Spiel nicht mit den Schmuddelkindern
Balladen, Chansons, Grotesken, Lieder
rororo 1168

Franz-Josef Degenhardt/ Wolfgang Neuss/ Hanns Dieter Hüsch/ Dieter Süverkrüp

Da habt ihr es!
Stücke und Lieder für ein deutsches Quartett.
rororo 1260

Herman van Veen

Worauf warten wir?
Lieder, Notizen und Geschichten.
rororo 4933

Unter einem Dach
Notizen eines Clowns
rororo 5124

Konstantin Wecker

Ich will noch eine ganze Menge leben
Songs, Gedichte, Prosa.
rororo 4797

Man muß den Flüssen trauen
Unordentliche Elegien.
rororo 4984

Und die Seele nach außen kehren
Ketzerbriefe eines Süchtigen.
Uns ist kein Einzelnes bestimmt
Neun Elegien.
rororo 5100

Bettina Wegner

Wenn meine Lieder nicht mehr stimmen
Mit einem Vorwort von Sarah Kirsch.
rororo 4399

Traurig bin ich sowieso
Lieder und Gedichte.
rororo 5004

Thomas Rothschild (Hg.)

Wolf Biermann

Liedermacher und Sozialist.
rororo 4017

Hans Scheibner

Spott ist allmächtig
Lästerlyrik.
rororo 4132

Erika Pluhar

Über Leben
rororo 5036

Schneewittchens

Liederbuch
Alle Texte der Frauenmusikgruppe mit Noten und Gitarrengriffen
rororo 5045

ro ro ro

1094/6

Hobby und Spiel

Gernot Balcke
Wir bauen eine Modellbahn
(7389)

Laura P. Broad / Nancy T. Butterworth
Die Spielgruppe – ein Spaß für Kinder, Hilfe für Eltern
Organisation und Spielideen.
Herausgegeben von Ruth Dirx (7333)

Inge Deppert / Beate Saul / Ursula Daniels
Gymnastik im Alltag
Entspannung, Beweglichkeit, Körperbewußtsein. Fernsehbegleitbuch (7490)

Dieter Fassbender
Lexikon für Münzsammler
Über 1800 Begriffe von Aachener Mark bis Zwittermünzen (6292)

Franz P. Flury
Dampflokomotiven und ihre Bauteile
Technikgeschichte in Bildern (7303)
Hobbylexikon Eisenbahn
1400 Stichwörter kurz erklärt (6262)

Albrecht / Balcke / Reichardt
Hobbylexikon Modellbahn
1700 Stichwörter kurz erklärt (6249)

Gerhard Westphal
Lexikon der Schiffahrt
Über 300 Begriffe – von Aalregatta bis Zwischendeck – aus Handelsschiffahrt und Segelsport (6284)

ro ro ro

C 2121/1–1a

Marie Winn

Die Droge im Wohnzimmer

Deutsch von Brigitte Stein
319 Seiten. Kartoniert
und als rororo sachbuch 7866

«Marie Winn weist nach, daß Eltern ihrem Kind wenig Schlimmeres antun können, als es stundenlang vor der Glotze sitzen zu lassen. Denn statt sich aktiv mit seiner Umwelt zu beschäftigen, nimmt das Kind passiv auf (und lernt genau dabei nichts!), wird nervös durch unverarbeitete Reizüberflutung und angestaute Energie, Phantasie und schöpferisches Spielen verkümmern ebenso wie die Fähigkeit, sich sprachlich differenziert auszudrücken, und selbst die so gepriesene ‚Sesamstraße' ist von reichlich wenig Nutzen.
Die Autorin sieht auch einen Zusammenhang zwischen der Drogenwelle der sechziger Jahre und dem Fernsehkonsum: Die Flucht aus der Wirklichkeit traten gerade die Jugendlichen an, die in den fünfziger Jahren mit der Passivität erzwingenden Glotze aufwuchsen.»

Spandauer Volksblatt

Kinder ohne Kindheit

Deutsch von Ursula Pommer
320 Seiten. Kartoniert

Fernsehkonsum in jungen Jahren ist nur ein soziales «Umweltgift», das unsere Kinder ihrer Kindheit und Kindlichkeit beraubt. In diesem neuen beschwörenden Buch plädiert Marie Winn für einen ganzheitlichen «Schonraum Kindheit», der den Kindern Zeit läßt zum langsamen, organischen Hineinwachsen in unsere unheile Erwachsenenwelt. Aus unkindlichen Kindern werden einmal unmenschliche Erwachsene – Marie Winn zeigt, was verantwortungsbewußte Eltern für ihre Kinder tun können.

1075/8 f

Kochen / Ernährung

Dr. med. H. Anemueller
Iß dich gesund
Leistungsfähig und aktiv durch Essen mit Verstand (7128)

Audrey Eyton
Die F-Plan-Diät (7785)
Die F-Plan-Tabellen (7859)

Lloyd J. Harris
Nicht nur gegen Vampire
Ein Knoblauchbuch (7813)

Das große Kiehnle-Kochbuch
Standardwerk der Kochkunst (6414)

Ulrich Klever
Klevers Garantie-Diät
Schlank werden mit Sicherheit (7056)

Manfred Köhnlechner
Die Managerdiät
Fit ohne Fasten (6851)

Wolfgang Menge
Ganz einfach – chinesisch (6411)

Jacques Moron
dick & dünn
Dick wird man nicht vom Essen (7746)

Annette Ohlrogge / Martina de Beek
Kochen ohne Fleisch - lecker und gesund (7824)

Dr. L. & L. Pearson
Psycho-Diät
Abnehmen durch Lust am Essen (7068)

Sybil Gräfin Schönfeldt
Das Kochbuch für die Frau, die sparen will (6449)

966/5

frauen aktuell

Herausgegeben von Susanne von Paczensky

rororo aktuell

Eine Auswahl

Irene Block / Ute Enders / Susanne Müller
Das unsichtbare Tagwerk
Mütter erforschen ihren Alltag.
rororo aktuell 4828

Wie die Verknüpfung von Liebe und Hausarbeit dazu führt, daß Frauen in Küchen und Kinderzimmern unbezahlt arbeiten und sich schließlich sogar damit zufriedengeben.

Theresia Brechmann
Jede dritte Frau
Protokoll einer Vergewaltigung.
rororo aktuell 4930

Wie eine Frau, die sexuelle Gewalt erlitt, sich mit dieser Demütigung auseinandersetzt, sich gegen Unglauben und Desinteresse der Umgebung wehrt und die beschämenden Folgen der Tat überwindet.

rororo aktuell 5120

Helga Einsele / Gisela Rothe
Frauen im Strafvollzug
«Auf der Suche nach etwas, das besser ist als Strafe.»
rororo aktuell 4855

Um einen anderen Umgang mit straffälligen Frauen, um Verständnis für ihre schwierigen Lebenswege geht es in diesem Buch.

Ingrid Müller-Münch
Die Frauen von Majdanek
Vom zerstörten Leben der Opfer und der Mörderinnen
rororo aktuell 4948

rororo aktuell 5129

Martha Mamozai
Herrenmenschen
Frauen im deutschen Kolonialismus.
rororo aktuell 4959

Wie die Männergesellschaft des deutschen Kaiserreichs ihre Kolonien zu Reservaten des Hochmuts und der Menschenfeindlichkeit machte und wie Frauen zu Opfern und Mitschuldigen wurden.

rororo aktuell 5352

Christa Randzio-Plath (Hg.)
Was geht uns Frauen der Krieg an?
rororo aktuell 5021

Wie acht bedeutende Autorinnen die Zusammenhänge von Weiblichkeit und Friedensliebe analysieren und Strategien des Widerstands, der Verweigerung und Gegenwehr vorschlagen.

Lisa Scheuer
Vom Tode, der nicht stattfand
rororo aktuell 5239

Christine Swientek
«Ich habe mein Kind fortgegeben».
Die dunkle Seite der Adoption.
rororo aktuell 5119

Awa Thiam
Die Stimme der schwarzen Frau
Vom Leid der Afrikanerinnen.
rororo aktuell 4840

rororo aktuell 4530

Barbara Yurtdas
Wo mein Mann zuhause ist…
Tagebuch einer Übersiedlung in die Türkei.
rororo aktuell 5137

2078/2 cle